AF523814

AUF DEM PUNKT

Gabriel
Felbermayr

Europa muss sich rechnen

Aus der Reihe »Auf dem Punkt«

Herausgegeben von Hannes Androsch

Vorwort des Herausgebers 6

1 Einleitung 8

2 Die EU sollte sich darauf konzentrieren, Mehrwert zu schaffen 30

3 Kronjuwel Binnenmarkt 38

4 Der Euro: Der Weg zu einer »normalen« Währung 48

5 Von Nettozahlern und Nettoempfängern 76

6 Warum die EU ein größeres Budget braucht, aber keine Schuldenunion werden sollte 84

7 Europäisches Geld für europäische öffentliche Güter 94

8 Ein Budgetrecht für das EU-Parlament 102

9 Lehren aus dem Brexit oder Vertiefung versus Erweiterung 108

10 Schengen, Einwanderung und Asyl: So kann es nicht bleiben 118

11 Europa, der Freihandel und die neue Geoökonomik 132

12 Schlussfolgerungen 144

Anmerkungen 148

Der Autor 150

Impressum 152

Vorwort des Herausgebers

Unsere Welt befindet sich in tiefgreifendem, rasantem Wandel. Der Umbruch der Gesellschaft mit ihrer zunehmenden Komplexität und der Umbruch politischer Ordnungen führen zu neuer Unübersichtlichkeit, welche wachsende Verunsicherung erzeugt.

Um dies abzuwenden, bedarf es Orientierung und zukunftsfähiger Perspektiven. Und es wird fundiertes Wissen über die großen Themen der Gegenwart benötigt, um durch die Flut von Daten, Halbwahrheiten und Fake News navigieren zu können und sich zurechtzufinden. Aus diesem Grund nehmen führende Intellektuelle, Expertinnen und Experten in der Reihe **Auf dem Punkt** zu den großen Fragen unserer Zeit Stellung.

Europa, aber wo liegt es? Dies ist trotz beachtlicher Integrationserfolge immer noch die Frage. Dieser kleinere Teil der eurasischen Landmasse war die längste Zeit der Zivilisationsgeschichte, der Flusskulturen und des Mittelmeerraumes in einer Randlage des Römischen Reichs. Aus seiner geografischen und politischen Vielfalt ist nie ein europäisches Imperium entstanden, auch wenn es darum ständig Kämpfe gab. Wohl aber sind aus der Randlage der Küstenländer riesige Kolonialreiche, allein das Britische Empire, entstanden. Der Aufstieg der USA und die beiden Weltkriege haben die Bedeutung Europas beendet, die Jahrzehnte nach dem Zweiten Weltkrieg zu einem wirtschaftlichen Aufstieg geführt, euphorisch als »Wirtschaftswunder« betrachtet, allerdings in einem durch den »Eisernen Vorhang« getrennten. Dies war nur durch die Hilfe der USA und ihres Sicherheitsschirmes möglich. Beigetragen hat dazu auch die mit der Montanunion beginnende europäische Integration. Allerdings ist aus der Vielfalt immer noch nicht die erforderliche selbstständige Einheit entstanden. Noch immer ist diese durch inzwischen zunehmende kleinstaatlich-nationalistische Vielfalt beeinträchtigt. Die geopolitischen Bedrohungen, die geoökonomischen Fragmentierungen, die Energie- und Rohstoffabhängigkeit, der zunehmende Rückstand bei der Entwicklung von Schlüsseltechnologien und der Mangel an eigenem Sicherheitspotential stellen für Europa eine große Gefahr dar. Es gilt: »Either we hang together or we will hang separately«.

Dr. Hannes Androsch

1

Einleitung

Denk ich an Europa in der Nacht,
dann bin ich um den Schlaf gebracht.

So beginnt Heinrich Heine sein Gedicht »Nachtgedanken«. Oder fast – denn statt an Europa hat er 1844 im Pariser Exil an Deutschland gedacht. Es plagt ihn Heimweh, aber ebenso verzweifelt der liberale Dichter am schier aussichtslosen Kampf um Demokratie und Einigkeit zwischen den deutschen Kleinstaaten, die der fortschreitenden Industrialisierung und dem Wettlauf der anderen europäischen Mächte um Macht und Einfluss in der Welt nicht gewachsen scheinen.

Denkt man heute an Europa in der Nacht, kann man kaum verhindern, von ähnlichen Sorgen befallen zu werden. Europa – damit ist in diesem Buch in der Regel die Europäische Union (EU) gemeint, und umgekehrt -- ist zwar seit dem Zweiten Weltkrieg zweifellos sehr weit gekommen, aber der Einigungsprozess scheint in der Krise zu stecken. Europa wird technologisch von Ost und West abgehängt, es steht der immer schärfer werdenden geopolitischen Polarisierung hilflos gegenüber, seine demographische Entwicklung macht einen weiteren Verlust an relativer Bedeutung in der Welt unvermeidbar, an seinen Gren-

Auch das größte und wirtschaftlich stärkste Land in Europa, Deutschland, ist im globalen Maßstab für sich genommen ein sehr kleiner Spieler.

zen herrschen Krieg und Flüchtlingschaos, und zentrale Stützen des gemeinsamen europäischen Hauses fallen weg (Großbritannien) oder lassen sich von den Feinden eines starken und geeinten Europas instrumentalisieren (Ungarn).

Über Europa kann man also in der Tat seinen Schlaf verlieren. Da mag es durchaus verständlich sein, wenn so mancher erst gar nicht über den Zustand und die Zukunft unseres alten Kontinents nachdenken möchte. Aber wer das trotzdem auch nur eine Sekunde lang tut, kommt unweigerlich zum Schluss, dass es für die Europäer keine bessere Alternative gibt, als das Integrationsprojekt weiter voranzutreiben und zu verbessern. Und gerade aus dieser Erkenntnis resultiert angesichts von Stillstand oder sogar Rückschritt fast zwangsläufig Frustration und Schlaflosigkeit.

Auch das größte und wirtschaftlich stärkste Land in Europa, Deutschland, ist im globalen Maßstab für sich genommen ein sehr kleiner Spieler. Seine Bevölkerung macht circa 1 Prozent der Weltbevölkerung aus, Tendenz stark sinkend. Seine Wirtschaftskraft beläuft sich auf ungefähr 4 Prozent der globalen Bruttowertschöpfung, sein Anteil am weltweiten CO_2-Ausstoß auf ungefähr 2 Prozent. Es ist offensichtlich, dass das Land aus eigener Kraft in der Welt wenig bewirken kann; auf sich allein gestellt wäre es in geopolitisch unruhigen Zeiten sehr verletzlich. Umso stärker gilt das für alle anderen EU-Staaten, die noch weniger Gewicht auf die Waagschale bringen als Deutschland. Ganz offensichtlich ist das Argument natürlich für kleinere europäische Länder wie Österreich, dessen relative Bedeutung in der Welt in den meisten einschlägigen Statistiken ungefähr ein Zehntel Deutschlands ausmacht.

Europa ist ein Flickenteppich von Kleinstaaten. In einer Welt, die sicherheitspolitisch und wirtschaftlich von einem »gutmütigen Hegemon« bestimmt wird, mag das kein Problem sein. Aber die Zeiten haben sich geändert. Die USA haben nach dem Zweiten Weltkrieg, und vor allem nach dem Ende des Kommunismus sowjetischer Spielart rund um das Jahr 1990, als gutwillige globale Ordnungsmacht agiert, die das regelbasierte System abgesichert hat. Von dieser Rolle hat sich Amerika verabschiedet, und ein Zeitalter von intensiver Systemrivalität hat begonnen – zwischen den Machtpolen USA, China, künftig wohl auch Indien. Statt Politik mit Blick auf die gemeinsamen globalen Herausforderungen zu machen, geht es wieder vermehrt um die Durchsetzung nationaler Egoismen. Statt multilateraler Institutionen geben nationale Regierungen die Regeln vor. Statt der Herrschaft des Rechts dominiert wieder handfeste Machtpolitik.

In einer Welt, die immer stärker in politische und wirtschaftliche Blöcke zerfällt, die sich nicht immer wohlwollend gegenüberstehen, ist die Zusammenarbeit innerhalb Europas die beste Option, um politische und wirtschaftliche Sicherheit zu gewährleisten, die erreichten Errungenschaften zu verteidigen und auszubauen und um gemeinsame Interessen durchzusetzen. Dabei braucht es aber einen Grundkonsens darüber, wie Europa funktionieren soll. Damit dieser sich entwickeln kann, ist eine tabufreie Diskussion erforderlich, was Europa leisten soll, welche Materien bei den Mitgliedsstaaten verbleiben sollen und unter welchen Organisationsstrukturen Europa effektiv und effizient funktionieren kann. Gute Antworten auf diese Fragen werden in dem Maße immer wichtiger, wie der Wind auf den Weltmärkten und in der Weltpolitik rauer wird. Die bisher geltenden institutionellen und rechtlichen

Rahmenbedingungen der globalen Ordnung passen gut zum demokratischen, marktwirtschaftlichen, freiheitlichen System, zu dem sich die Bevölkerungen und politischen Eliten Europas immer noch in großer Mehrheit, wenn auch mit unterschiedlichen Schwerpunktsetzungen, bekennen. Es droht eine Veränderung der globalen Rahmenbedingungen zu Ungunsten des alten Kontinents. Diese ist bereits im Gange. Die jüngste Erweiterung des sogenannten BRICS-Verbandes, des losen Zusammenschlusses von Brasilien, Russland, Indien, China und Südafrika um sechs weitere Länder (Argentinien, Ägypten, Äthiopien, Iran, Saudi-Arabien und Vereinigte Arabische Emirate) ist nur ein deutlicher weiterer Schritt in einem längeren Prozess. Eine weniger stark auf die Interessen Europas und der USA zugeschnittene Weltordnung mag dem einen oder der anderen vielleicht gerechter erscheinen, sie bedeutet im »Westen« aber fast zwangsläufig Wohlstandseinbußen. Sie bringt außerdem Werte, die bisher als universell galten, wie die Menschenrechte oder demokratische Mitbestimmung, unter Druck. Wollen die europäischen Länder nicht unter die Räder kommen, müssen sie erstens zusammenarbeiten und zweitens ihre Zusammenarbeit besser organisieren.

Das globale Umfeld ist indes nur ein, wenn auch zentraler Faktor. Auch andere Megatrends erfordern ein neues Nachdenken über Europa. Allen voran ist der Klimawandel zu nennen, der zu starken Migrationsbewegungen führen wird, für die sich Europa rüsten muss. Während es in relativ nahe gelegenen Weltregionen – Nordafrika, Naher und Mittlerer Osten, Zentralasien – Geburtenüberschüsse gibt, geht die einheimische Bevölkerung in Europa zurück. Auch durch technologische Veränderungen – die Digitalisierung aller Lebensbereiche – werden die Karten neu gemischt. Europa braucht auf diese Megatrends Antworten. Sie haben eines gemeinsam: Ohne ein gemeinsames, wenigstens stark koordiniertes, Vorgehen hat der alte Kontinent keine Chancen, seine Interessen zu wahren.

Daher ist es von großer Bedeutung, dass in Europa Reformprozesse beginnen, die wirtschaftlich und politisch neuen Schwung bringen. Dabei wird es nicht ohne Zugeständnisse gehen. Die Mitgliedsstaaten müssen bereit sein, noch stärker zusammenzuarbeiten; umgekehrt sollte manches, was heute in Brüssel entschieden und verwaltet wird, wieder stärker in die Verantwortung der Mitgliedsstaaten gehen. Die europäischen Behörden müssen bürgernäher und demokratischer werden. Und für den innereuropäischen Ausgleich an Interessen und wirtschaftlichen Vorteilen braucht es passende Instrumente. Jedenfalls ist klar, dass die europäischen Strukturen für ganz andere Bedingungen geschaffen wurden. Die Zollunion stammt aus den 1960er-Jahren, der Binnenmarkt aus den 1980er-Jahren, die Währungsunion aus den frühen 1990ern. Und eine europäische industriepolitische Strategie, die angesichts zunehmenden Standortwettbewerbs immer dringender wird, muss erst einmal gefunden werden.

Das bereits Erreichte ist in vielerlei Hinsicht beeindruckend. Der europäische Einigungsprozess hat dem Kern Europas viele Jahrzehnte Frieden und Wohlstand gebracht. Demokratie und soziale Marktwirtschaft haben sich ausgedehnt. Heute sind Länder in der EU, die vor einer Generation kommunistische Diktaturen waren. Noch in den 1970er-Jahren waren Spanien, Portugal und Griechenland autoritär regierte und isolierte Länder. Auch heute ist die Lage in Europa oft besser als vielfach behauptet. Der soziale Ausgleich funktioniert in den meisten EU-Staaten gut, das Gesundheitswesen schafft steigende Lebenserwartung. Die Universitäten sind zwar fragmentiert, bringen aber immer wieder Nobelpreisträger und -trägerinnen hervor. Die wirtschaftlichen Unterschiede zwischen den Mitgliedsstaaten, etwa gemessen durch das Verhältnis des Pro-Kopf-Einkommens des reichsten und des ärmsten Landes oder durch den Variationskoeffizienten, sinken. Das durchschnittliche Pro-Kopf-Einkommen in der EU schließt langsam, aber stetig zum US-Niveau auf, in den letzten Jahren getrieben vor allem durch Wachstum in Mittel- und Osteuropa. Europas Anteil an den globalen Exporten von Gütern und Dienstleistungen liegt mit circa 15 Prozent noch immer deutlich über dem Anteil Chinas oder der USA, der Anteil bei den Importen liegt gemeinsam mit den USA bei ebenfalls circa 15 Prozent und signifikant über jenem Chinas.[1] Die Treibhausgasemissionen Europas gehen zurück, sowohl absolut als auch relativ. Waren die aktuellen Mitgliedsländer der EU in den 1960er-Jahren für ein Viertel der CO_2-Emissionen verantwortlich, so liegt der Anteil heute bei 7 Prozent.

Die Europäische Union ist deutlich weniger unbeliebt bei ihren Bürgern, als oft unterstellt wird. Das belegen die Auswertungen der halbjährlichen Eurobarometer-Umfragen immer wieder. Doch sie büßt zusehends an Wettbewerbsfähigkeit ein. In vielen Branchen geht die Technologieführerschaft verloren. Während Länder wie China, die USA und immer mehr auch Indien, Brasilien und Saudi-Arabien ihre geoökonomischen Interessen erstens besser zu kennen scheinen und zweitens viel vehementer vertreten, schwindet der Einfluss des alten Kontinents. Das Bildungssystem ist in den meisten EU-Staaten nicht Weltklasse, obwohl der schwachen demographischen Entwicklung am besten mit einer Qualitätsoffensive entgegengetreten wird.

Und in vielen Bereichen ist der Integrationsprozess halbfertig. Das ist ein Problem. Oft ist dieser Limbo-Zustand gefährlich – etwa in der Geld- und Fiskalpolitik oder in der Einwanderungspolitik. Europa muss sich entscheiden: entweder die entscheidenden Integrationsschritte weitergehen, um das Projekt zukunftsfest zu machen, oder die Mitgliedsstaaten wieder stärker in Verantwortung bringen. In manchen Politikfeldern sollte es zu einer weiteren Europäisierung kommen – etwa in weiten Teilen der Wirtschaftspolitik, der Verteidigungspolitik oder der Forschungspolitik; in anderen Bereichen könnte das Gegenteil angesagt sein, etwa im Bereich der

Agrarpolitik. Jedenfalls zwingt die weltpolitische Situation zu raschen Weichenstellungen, will Europa nicht unter die Räder geraten.

Sechsundsechzig Jahre nach der Unterzeichnung der Römischen Verträge braucht es neuen Mut, um das europäische Projekt neu zu denken und an die fundamental veränderten Rahmenbedingungen anzupassen. Die Pax Americana, die von den USA garantierte freiheitliche Weltordnung, ist vorüber. Europa kann es sich nicht mehr leisten, halbe Sachen zu machen. Es braucht neuen Schwung und Reformen.

Die Europäerinnen und Europäer sehen oft klarer als ihre Regierungen. So existiert schon sehr lange eine sehr deutliche Mehrheit, die sich für eine Vertiefung der gemeinsamen Außen- und Sicherheitspolitik ausspricht.[2] Dennoch ist dieses Politikfeld auf EU-Ebene nur schwach ausgeprägt. Die Zustimmung zur gemeinsamen Wirtschafts- und Währungsunion liegt aktuell bei mehr als 70 Prozent in der gesamten EU, höher noch in der Eurozone. Und trotzdem sind viele Projekte der wirtschaftlichen Einigung immer noch unfertig. Das Vertrauen in die europäischen Institutionen ist europaweit schon seit vielen Jahren höher als in die nationalen und immer mehr Menschen in Europa verstehen sich als Europäerinnen und Europäer. Trotzdem lässt sich in vielen Ländern mit Ressentiments gegen Europa Wahlkampf machen. Die Zukunftsängste nehmen zu, der Pessimismus hinsichtlich der Fähigkeit Europas, den erreichten Wohlstand und die Sicherheit zu erhalten, wächst.

Es braucht mutige Schritte nach vorne. Aber es macht keinen Sinn, unrealistische Traumwelten heraufzubeschwören. Die Vereinigten Staaten von Europa nach amerikanischem Vorbild wird es nicht geben. Die große Heterogenität Europas ist und bleibt eine Realität, daher wird auch das zukünftige Europa komplex und vielfältig sein. Die Diversität ist eine Stärke, in ihr liegen Resilienz und Innovationskraft; sie darf aber nicht zu einer Lähmung Europas führen.

Damit Reformen möglich werden, muss sehr viel deutlicher und klarer werden, dass sich Europa für die Menschen und die Mitgliedsstaaten auszahlt. Europa muss sich rechnen. Nicht allein in einem buchhalterischen Sinn. Der breit definierte Nettonutzen Europas muss klar und unumstritten positiv ausfallen. Das darf kein rein propagandistisches Motto sein; die Vorteile der europäischen Integration müssen spür- und sichtbar sein, sie müssen die nicht zu bestreitenden ebenfalls existierenden Nachteile klar überwiegen. Das gilt vor allem im ökonomischen Sinn: Europa muss das Versprechen von Wohlstand und wirtschaftlicher Sicherheit einlösen. Der Fokus muss auf dem Mehrwert Europas liegen. Damit ist gemeint, dass Europa mit Ergebnissen überzeugen muss, nicht mit Mythen oder Symbolpolitik oder, wie so oft in jüngerer Zeit beschworen, mit den scheinbar geeigneten »Narrativen«. Für eine Strategie der emotionalen Identifikation fehlt in Europa schlicht die Grundlage.

Um dies sicherzustellen, beginnt man am besten damit, zu fragen, welche Herausforderungen die Menschen in Europa sehen und wo sie europäischen Mehrwert vermuten. Die regelmäßigen Eurobarometer-Umfragen geben dazu klare Hinweise. In den letzten beiden Durchgängen (Frühjahr 2023, Herbst 2022) gilt die wichtigste Sorge der Europäerinnen und Europäer der Inflation und den Lebenserhaltungskosten, dicht gefolgt von der internationalen Situation. Das drittwichtigste Thema ist die Einwanderung, wiederum dicht gefolgt von Klimawandel, der allgemeinen wirtschaftlichen Situation und der Energieversorgung. Solche Umfrage bieten Momentaufnahmen von der aktuellen Gemütslage der Menschen; die Ergebnisse ändern sich, wenn neue Bedrohungen auftauchen und medial thematisiert werden. Über die vielen Auflagen der Eurobarometer-Umfragen hinweg taucht aber ein allgemeines Thema immer auf: Die Menschen wünschen sich, dass ihnen die EU Sicherheit bietet – materielle, ideelle und, angesichts terroristischer Bedrohungen, auch physische.

Um die EU für die Menschen nützlicher zu machen, müssen Tabus und Denkverbote beiseitegelegt werden. So wird Europa nicht umhinkommen, eine gemeinsame Verteidigungspolitik zu entwickeln. Es wird die Idee des »one size fits all«-Modells aufgeben müssen. Es braucht Innovationskraft und Kreativität. Und, ja, die europäischen Verträge werden verändert werden müssen. In diesem Buch werden einige Ideen und Vorschläge angedacht, die Europa langfristig stärken würden. Sie sind nicht unrealistisch. Gleichwohl handelt sich dabei um »dicke Bretter«, die zu bohren der Politikwissenschaftler und Ökonom Max Weber vor etwa 100 Jahren der politischen Klasse zur Aufgabe gemacht hat.

Der breit definierte Nettonutzen Europas muss klar und unumstritten positiv ausfallen. (...) Das gilt vor allem im ökonomischen Sinn: Europa muss das Versprechen von Wohlstand und wirtschaftlicher Sicherheit einlösen.

Noch eine wichtige Erkenntnis haben wir Max Weber zu verdanken: die klare Unterscheidung zwischen Verantwortungs- und Gesinnungsethik in der Politik im Allgemeinen und in der Wirtschaftspolitik im Speziellen. Beide sind notwendig, aber eine einseitige Konzentration auf die »richtige« Haltung und die europäischen Werte (die Gesinnung) ist gefährlich, wenn die finalen Konsequenzen politischen Handelns nicht hinreichend mitgedacht werden. So mag etwa eine wertegetriebene Außenwirtschaftspolitik einfach kommunizierbar sein, wenn sie aber auf Kosten des Wirtschaftswachstums geht und die eigenen europäischen Interessen nicht rigoros verfolgt, dann wird sie zur Belastung. Wie in anderen Politikbereichen auch muss die EU-Politik zu einem Ausgleich zwischen gesinnungs- und verantwortungsethisch motivierten Politikentwürfen kommen.

Das zentrale Anliegen dieses Buches besteht dann auch darin, die EU darauf zu konzentrieren, Mehrwert für die Menschen zu schaffen. Dabei sollte manches sehr grundlegend überdacht und umgekrempelt werden. Die Menschen wünschen sich tatsächlich, wie das in seiner berühmten Rede vor der Sorbonne-Universität im September 2017 der französische Präsident Emmanuel Macron gesagt hat, ein Europa, das die Menschen wirksam schützt (»*une Europe qui protège*«). Das darf aber kein Europa der Abschottung sein, keine Festung, die sich über hohe Zäune gegenüber Drittstaaten definiert. Europa muss aus sich heraus stark sein – dafür sind vor allem Wirtschaftswachstum und sozialer Ausgleich zentral. Mit einer so definierten Stärke kann die EU international in Verhandlungen kraftvoll auftreten, weil ihr wichtigstes (wahrscheinlich einziges wirklich stichhaltiges) Argument – Zugang zum Binnenmarkt zu gewähren, zu verbessern oder einzuschränken – mehr Gewicht erhält.

Um im internationalen Wettbewerb zu bestehen, muss der Fokus auf dem weiteren Ausbau des Binnenmarktes liegen. Dazu gehören massive Investitionen in öffentliche europäische Güter, von grenzüberschreitender Infrastruktur über ein System von europäischen Top-Universitäten bis hin zu einem glaubwürdigen Schutz der Außengrenzen. Letzteres ist wichtig, damit das Schengen-System, die freie Zirkulation von Menschen innerhalb der EU, wieder voll greifen kann. Der Binnenmarkt muss durch moderne, rechtssichere Abkommen mit Drittstaaten zu Handelsfragen ergänzt werden. Dabei braucht es aber ein neues Modell der Zusammenarbeit mit Ländern wie der Türkei, dem Vereinigten Königreich und perspektivisch der Ukraine: Diese Länder werden auf absehbare Zeit nicht Teil einer politischen Union sein wollen oder sein können; sie sollten aber maximal in den Binnenmarkt integriert werden. Dafür ist nicht erforderlich, alle vier Freiheiten gleichzeitig zu garantieren. Insbesondere sollten Einschränkungen bei der besonders brisanten Personenfreizügigkeit nicht dazu führen, dass die anderen drei Freiheiten (Freizügigkeit im Güter- und Dienstleistungshandel sowie im Kapitalverkehr) nicht greifen. Damit sollte es gelingen, den europäischen Binnenmarkt auszudehnen, ohne eine Erweiterung der politischen Union durchführen zu müssen. Der so unauflösbar scheinende Widerspruch zwischen Vertiefung und Erweiterung könnte so gelöst werden. Zum Ausbau des Binnenmarktes gehört auch, die Währungsunion mit einer Fiskalunion zu vervollständigen und das EU-Budget so auszubauen, dass es Schutz gegen adverse Schocks gewährt, aber nicht zu einem Vehikel für eine zukunftsvergessene Schuldenunion wird.

Die Europäische Union schafft es entgegen allen Unkenrufen immer wieder, mit ihrer Regulierung internationale Standards zu setzen. Das ist zum Beispiel bei der Chemikalienverordnung REACH der Fall oder auch bei der Datenschutzgrundverordnung. Dieser »Brüssel-Effekt« (Anu Bradford) ist gut belegt und ein großer Vorteil für Europa. Seine Existenz bedeutet aber noch lange nicht, dass die europäische Regulierung immer optimal ist. In vielen Fällen ist sie zu bürokratisch und erstickt dadurch das so dringend erforderliche unternehmerische Engagement, das den Binnenmarkt dynamisch hält. Und dort, wo die europäische Regulierung für heimische Produzenten Kosten verursacht, die im Ausland nicht anfallen, muss über die Gewährleistung eines fairen Wettbewerbsumfelds nachgedacht werden. Das ist gerade bei der grünen Transformation Europas von großer Bedeutung. Der anlaufende CO_2-Grenzausgleich geht konzeptuell in die richtige Richtung, ist aber von Praxistauglichkeit noch sehr weit entfernt. Ganz allgemein kann man wohl sagen, dass der Brüssel-Effekt nur dann schlagend werden kann, wenn die europäische Regulierung nicht nur juristische Innovationen hervorbringt, sondern auch wirklich in der Lage ist, Europa bei

Je größer
und integrierter
der Binnenmarkt ist,
umso dynamischer
ist er.
Umso eher kann er
Schutz
gegen Risiken aus
dem Ausland bieten.
Und umso eher gilt:

Europa rechnet sich.

Lebensqualität, Wirtschaftskraft und Dynamik nach vorne zu bringen. Je weiter die EU in diesen Bereichen im Vergleich zu anderen Wirtschaftsräumen zurückfällt, umso weniger kann man auf den Brüssel-Effekt hoffen.

In einer unsicheren Welt, in der Krisen immer häufiger werden und die Risiken zunehmen, ist wirtschaftliche Sicherheit ein wichtiges Ziel. Anstatt mit Milliardenbeträgen ausländische Konzerne zu überzeugen, in der EU Produktionsstätten zu eröffnen, sollten Mitgliedsstaaten und EU das Geld für den Ausbau der Standortqualität einsetzen. Damit sind wir wieder beim wichtigsten Thema dieses Buches: beim Binnenmarkt. Je größer und integrierter dieser ist, umso dynamischer ist er. Umso eher kann er Schutz gegen Risiken aus dem Ausland bieten. Und umso eher gilt: Europa rechnet sich. Und das ist dann auch das beste Rezept gegen jene Schlaflosigkeit, die schon vor fast 200 Jahren Heinrich Heine gequält hat.

2

Die EU sollte sich darauf konzentrieren, Mehrwert zu schaffen

Die europäischen Institutionen beschäftigen 60.000 bis 70.000 Personen direkt: etwa 32.000 in der EU-Kommission, 8.000 im EU-Parlament, 3.000 im Generalsekretariat des Europäischen Rates und circa 2.000 am Europäischen Gerichtshof. 3.500 Menschen arbeiten in der Europäischen Zentralbank, 4.000 in der Europäischen Investitionsbank. Europäische Agenturen beschäftigen weitere Personen, die Grenzschutzagentur Frontex allein fast 3.000, Europol hat 1.500 Mitarbeiter, die Europäische Arzneimittel-Agentur knapp 1.000. Und so weiter. Wahrscheinlich beträgt die Anzahl der Personen, die im Auftrag oder im Dunstkreis europäischer Institutionen arbeiten, ein Vielfaches.

Gemessen an der Bevölkerungszahl der EU sprechen wir dennoch nur von Bruchteilen von Promillewerten. Nur: Setzt sich das EU-Personal für die richtigen Dinge ein? Die Europäische Union taucht täglich in allen Mitgliedsstaaten in den Schlagzeilen auf. Ihre Verordnungen und Richtlinien bestimmen das Wirtschaftsleben in Europa und in vielen Drittstaaten. Aber mischen sie sich in den richtigen Bereichen ein?

Bei ihren Aktivitäten folgen die EU-Institutionen der Kompetenzordnung, die die Aufgaben zwischen den Mitgliedsstaaten und der EU-Ebene verteilt. Die Verteilung folgt dem Subsidiaritätsprinzip. Demnach sollen alle politischen Entscheidungen auf der niedrigsten sinnvollen Ebene getroffen werden: so nahe wie möglich bei den Bürgerinnen und Bürgern. Das heißt, die EU sollte nur in Bereichen aktiv werden, in denen die Ziele der Politik auf nationaler oder regionaler Ebene nicht ausreichend erreicht werden können und in denen ein gemeinsames Handeln der EU-Mitgliedsstaaten einen Mehrwert bringt. Das ist bei Angelegenheiten mit grenzüberschreitendem Charakter der Fall. Wenn die Mitglieder bei einem Thema sehr stark ausgeprägte Unterschiede in ihren Präferenzen haben, dann wären selbst bei Vorliegen eines Mehrwertes die Kosten der Vergemeinschaftung sehr hoch und das Thema sollte auf nationaler oder regionaler Ebene verbleiben. Das ist bei vielen sozial- und verteilungspolitischen Fragen der Fall. Das Subsidiaritätsprinzip soll die Eigenverantwortung und Entscheidungsfreiheit auf regionaler oder nationaler Ebene stärken. Es ist in den EU-Verträgen verankert und wird durch Institutionen wie den Europäischen Gerichtshof und den Ausschuss der Regionen überwacht und überprüft.

Betrachtet man das Budget der EU, lässt sich schnell erkennen, wo die politischen Schwerpunkte gesetzt werden. Es lässt sich aus dem Budget zwar nicht erkennen, wo überall europäische Institutionen Regeln vorgeben, denn viele Agenden erfordern keine Finanzmittel auf EU-Ebene, doch eines ist klar: Das Subsidiaritätsprinzip wird von der EU trotz seiner Verankerung im Primärrecht nicht überall eingehalten. Das ist nicht gut, weil so die Akzeptanz und Legitimität der EU-Politik unterlaufen wird und wichtige Politikfelder unterfinanziert bleiben.

Die EU gibt im aktuellen Finanzrahmen circa 31 Prozent ihres Budgets für die Gemeinsame Agrarpolitik (GAP) aus, ebenfalls 31 Prozent für die Kohäsionspolitik und knapp 32 Prozent für sogenannte neue und verstärkte Aktivitäten, Forschung etwa, Grenzschutz oder Industriepolitik und vor allem das Großprojekt des Ausstiegs aus fossilen Energien. Der Rest, etwas mehr als 6 Prozent, wird für die Administration aufgewendet. Vergleicht man diese Schwerpunktsetzung mit den Ergebnissen der Eurobarometer-Umfragen, in denen regelmäßig nach den größten Sorgen der Menschen gefragt wird, erkennt man eine massive Diskrepanz. Die GAP wird weder als besonders wichtige Errungenschaft der EU angesehen noch adressiert sie Sorgen, die auf EU-Ebene bearbeitet werden sollten. Hier liegen die Bürgerinnen und Bürger ganz richtig: Solange die Subventionen an die Landwirtschaft so gestaltet sind, dass sie nicht wettbewerbsverzerrend wirken, gibt es keinen Grund, warum es für ihre Höhe und Struktur einheitliche Standards geben soll und warum die Auszahlung maßgeblich über ein zentrales Budget erfolgen soll und nicht von den Mitgliedsstaaten selbst finanziert wird. Die GAP sollte vielmehr stärker auf die Versorgungssicherheit in der EU ausgerichtet werden.

Bei der Kohäsionspolitik, die regionale wirtschaftliche Ungleichheiten ausgleichen soll, sieht es deutlich besser aus. Die Solidarität innerhalb der EU wird regelmäßig als eine der wichtigsten Errungenschaften bewertet; wirtschaftliche Schieflagen bereiten die größten Sorgen. Die in den letzten Umfragen wichtigsten Themen – Gesundheit, Einwanderung, Energiepolitik, Klimawandel, internationale Lage – finden im EU-Budget traditionell nur wenig Berücksichtigung. Im aktuellen Finanzrahmen, der von 2021 bis 2027 gilt, wurden die Mittel für Klimapolitik deutlich aufgestockt. Für den Grenzschutz sind im Budget des Jahres 2020, trotz der Erfahrungen mit der Flüchtlingskrise von 2015, gerade einmal Mittel im Ausmaß von 0,0073 Prozent des Bruttoinlandsproduktes (BIP) der EU vorgesehen. Grenzüberschreitende Infrastruktur, ganz klar mit hohem europäischem Mehrwert versehen, erhielt Mittel im Ausmaß von 0,0119 Prozent des EU-BIP. Dass mit so winzigen Beiträgen keine großen Sprünge möglich sind, erscheint nur natürlich. Der einzige große Bereich, in dem das Vorliegen von europäischem Mehrwert und das EU-Budget nicht im Widerspruch stehen, ist das Forschungsbudget. Hier gab die EU im Jahr 2020 immerhin 0,08 Prozent des EU-BIP aus, das entspricht ungefähr 8 Prozent des Haushalts.

Im aktuellen Finanzrahmen steigen die Ausgaben für Projekte mit europäischem Mehrwert. Viele Jahrzehnte lang wurde circa die Hälfte des ganzen Budgets auf die GAP verwendet; das hat sich gebessert. Aber immer noch herrscht eine hohe Diskrepanz zwischen dem Anspruch des

Subsidiaritätsprinzips und der Wirklichkeit. Die EU sollte ihre Schwerpunkte noch viel stärker auf Themen legen, die von den Mitgliedern nicht gut selbst erledigt werden können. Dazu gehört der Schutz der Außengrenzen, perspektivisch sicher auch eine gemeinsame Verteidigung, der Schutz der Versorgungssicherheit durch gemeinsame strategische Reserven kritischer Güter, Forschungs- und Wissenschaftspolitik auf höchster Ebene, die Bereitstellung von transeuropäischer Infrastruktur aller Art. Wenn die EU stärker jene Themen administriert und finanziert, für die ein echter europäischer Mehrwert erzielbar ist, steigt die wirtschaftliche Nützlichkeit für die Mitgliedsstaaten sowie für ihre Bürgerinnen und Bürger. Die EU rechnet sich besser für sie. Sie sollte sich aus Projekten, die nur zwischen den Mitgliedern umverteilen, ohne im Sinne eines Positivsummenspieles Mehrwerte für die Gemeinschaft zu generieren, zurückziehen.

In den Umfragen wird regelmäßig von einer absoluten Mehrheit der Befragten der EU-Binnenmarkt als die wichtigste Errungenschaft der EU angesehen. Dabei geht es um die sogenannten vier Freiheiten: Freizügigkeit von Gütern, Dienstleistungen, Kapital und Arbeit innerhalb der EU. Diese Freiheiten werden durch die gemeinsame Währung (den Euro), durch die Abwesenheit von Grenzkontrollen im Binnenland (Schengenabkommen), durch eine gemeinsame Außenwirtschaftspolitik und ein gemeinsames Wettbewerbsrecht wertvoller. In diesen Bereichen liefert die EU echte und quantifizierbare Vorteile – sie rechnet sich. Ein zentrales Ziel sollte sein, diesen Nutzen weiter zu stärken. Damit das funktioniert, braucht es einen scharfen analytischen Blick auf Europa in der Welt und ein tiefes Verständnis der komplexen Wirkmechanismen. Dieses Buch will dafür Leitplanken bieten.

3

Kronjuwel Binnenmarkt

In wirtschaftswissenschaftlichen Analysen gibt es regelmäßig klare Hinweise darauf, dass der europäische Binnenmarkt die wichtigste Errungenschaft des wirtschaftlichen Integrationsprozesses Europas ist. Der Theorie nach sind im gemeinsamen Markt Güter, Dienstleistungen, Arbeitskräfte und Kapital ohne gesetzliche Einschränkungen mobil. Das sind die erwähnten vier Freiheiten des Binnenmarktes. In der Tat wurden seit Einführung des Binnenmarktes in den 1990er-Jahren viele politische oder regulatorische Hürden, die innerhalb der Europäischen Union grenzüberschreitende wirtschaftliche Aktivitäten behindert haben, reduziert oder ganz abgebaut. So gibt es beispielsweise keine Binnenzölle mehr; Marktzulassungen von Produkten und Dienstleistungen erfolgen nach europäischen Vorgaben und sind in allen Mitgliedsländern gültig; europäische Bürgerinnen und Bürger können in beliebigen Mitgliedsländern arbeiten oder ihr Kapital wirtschaften lassen.

Konservative Schätzungen gehen davon aus, dass der Binnenmarkt in seiner aktuellen Ausformung die Wirtschaftsleistung kleiner, zentraler Mitgliedsländer wie etwa Luxemburg um mehr als 14 Prozent größer sein lässt, als wenn es ihn nicht gäbe. In Österreich sind es circa 6 Prozent, in Deutschland 4 Prozent.[3] Für Frankreich oder Italien liegt der Wert etwas darunter, bei ungefähr 3 Prozent. Allgemein gilt, je kleiner ein Mitgliedsland ist und je zentraler seine Lage, umso stärker profitiert es vom Binnenmarkt. Denn einerseits ist die Begrenztheit des eigenen Marktes eine umso größere Last, je kleiner das Land ist. Andererseits profitieren zentral gelegene Länder von günstigen Transportkosten aus und nach sehr vielen anderen EU-Mitgliedsstaaten; peripher gelegene Länder müssen höhere Kosten für Einfuhr und Ausfuhr der Waren gegenwärtigen. Für die EU27 insgesamt generiert die Existenz des Binnenmarktes zusätzliches reales Einkommen in Höhe von circa 500 Milliarden Euro (Preise aus dem Jahr 2022). Das ist mehr, als die Republik Österreich pro Jahr an Einkommen erwirtschaftet. Diese wirtschaftlichen Vorteile sind dringend notwendig, um der europäischen Wachstumsschwäche entgegenzuwirken. Wachstum ist kein Ziel per se. Aber für den sozialen Zusammenhalt, für die Erreichung nicht-ökonomischer Ziele wie den Klimaschutz oder die Sicherheit des Kontinents ist ein auskömmliches Wirtschaftswachstum jedenfalls hilfreich, sofern es nicht die genannten Ziele selbst konterkariert.

Ein großer, tief integrierter, dynamischer Binnenmarkt ist der beste Schutz gegen viele existenzielle Risiken. In der Energiekrise des Jahres 2022 hat sich gezeigt, dass die Versorgungsprobleme und die hohen Preise auf den Gas- und Strommärkten durch fehlende Transportkapazitäten innerhalb der EU verschärft wurden, dass nationale Alleingänge beim Gaseinkauf die Preise für alle in schwindelnde Höhen getrieben haben und dass die geltende europäische Strommarktordnung enorme intraeuropäische Preisunterschiede hervorbringt. Für eine stärkere Resilienz sind bessere grenzüberschreitende Infrastrukturen, einheitliche Strommarktregulierung und ein gemeinsames Auftreten nach außen essenziell. Bei geopolitischen Krisen – ob es die russische Aggression gegen die Ukraine ist, gefährliche Risiken rund um den Wunsch Pekings, Taiwan wieder an die Volksrepublik China anzugliedern, oder Krieg im Nahen Osten – gibt der Binnenmarkt der europäischen Politik international Gewicht. Sanktionsdrohungen etwa wirken nur, wenn der Zugang zu den Kunden und den Technologien des Binnenmarktes für ausländische Mächte auch wirklich wertvoll ist.

Für die Attraktivität der EU als Handelspartner ist der Binnenmarkt ausschlaggebend. Je kleiner und weniger dynamisch dieser ist, umso weniger sind Drittstaaten willens, in Handelsabkommen gegenüber der EU Zugeständnisse zu machen, zum Beispiel indem sie den eigenen Markt öffnen, oder in anderen Bereichen wie dem Umweltschutz europäische Forderungen zu akzeptieren. Letzteres zeigt, dass auch für die Ziele der EU, einen möglichst starken Beitrag zur Bekämpfung der Klimakatastrophe zu leisten, die Qualität des eigenen Binnenmarktes wichtig ist.

Allerdings ist das Funktionieren des Binnenmarktes von vielen Voraussetzungen abhängig. Ohne adäquate Infrastruktur für den Individual- und Güterverkehr, für die Übermittlung von Daten oder für den Transport von Strom oder Erdgas sind die politisch garantierten vier Freiheiten nicht viel wert. Gerade im grenzüberschreitenden Verkehr sind die Infrastrukturen häufig nicht gut ausgebaut. Das wundert nicht, denn in Grenzregionen fließt der Nutzen von Ausbaumaßnahmen an die Bewohner beider Länder, die Kosten der teuren Projekte müssen aber weitgehend national gestemmt werden. Damit liegt gleich in mehrfacher Hinsicht ein Problem öffentlicher Güter vor. Baut etwa ein Land seine Verkehrswege in Grenznähe aus, bringt das wenig, wenn nicht auch das andere Land ausbaut. Und die einzelnen Regierungen kümmern sich um den zusätzlichen Nutzen, der bei den Wählern in ihrem eigenen Land entsteht, und nicht um die Vorteile der ausländischen Wähler. Dies führt dazu, dass in Grenzregionen systematisch zu wenig investiert wird. Daher gibt es europäische Programme, die für eine Koordination der Projekte sorgen sollen. Dies funktioniert nicht optimal, weil hohe Zuzahlungen nationaler Regierungen dazu führen, dass Projekte immer wieder so strukturiert werden, dass der heimische Nutzen maximiert wird. Daraus folgt unweigerlich eine Konzentration der Investitionstätigkeit in den inneren Regionen der Länder.[4]

Außerdem braucht es regulatorische Rahmenbedingungen, die einerseits verhindern, dass aus den vier Freiheiten Gefahren für die Gesundheit oder gar das Leben der Menschen, Tiere und die Umwelt entstehen, die aber andererseits die wirtschaftlichen Vorteile, die aus dem Binnenmarkt resultieren, nicht gefährden, sondern fördern. Das gelingt nicht immer, vor allem, wenn die Regelungen mit Bürokratie verbunden sind. So bedeutet die Entsenderichtlinie, dass in ein anderes Mitgliedsland entsendete Arbeitnehmer eines Staates arbeitsrechtlich den dort ansässigen Arbeitnehmern gleichgestellt sein müssen. In der Praxis ist der Nachweis mit einem beträchtlichen Bürokratieaufwand verbunden, der die Entsendung von Arbeitskräften über Binnengrenzen erschwert oder gar unrentabel macht. Die Dienstleistungsfreiheit wird dann nur eingeschränkt oder unter Umständen gar nicht genutzt. Die ökonomischen Vorteile einer grenzübergreifenden Aktivität entfallen. Hier ist nicht der Platz, die Behinderung der vier Grundfreiheiten durch bürokratische Reglementierungen erschöpfend darzustellen. Es handelt sich allerdings um ein weitläufiges Problem, das Wirtschaftsverbände nicht müde werden, anzuprangern. Es erstreckt sich auf alle vier Freiheiten; am besten steht es noch um den Güterhandel.

Viele Themenfelder, die für das wirtschaftliche Leben zentral sind, verbleiben weiterhin in nationaler Zuständigkeit, so etwa die Sozialversicherungssysteme. Ihre unterschiedliche Ausprägung innerhalb Europas macht die Freizügigkeit der Arbeit oft zu einem erheblichen Risiko. Wer etwa in mehreren europäischen Ländern Pensionsansprüche erwirbt, weiß oft erst nach Antritt des Ruhestandes, wie hoch die Zahlungen tatsächlich sind. Schlimmer noch: Oft sind die Pensionsantrittsalter unterschiedlich, sodass es sein kann, dass man erst einige Jahre nach der Pensionierung einen Überblick über die finanzielle Situation hat. Solche Risiken erschweren die Arbeitnehmerfreizügigkeit.

Es zeigt sich also, dass der Binnenmarkt zwar in seiner aktuellen Verfassung schon großen wirtschaftlichen Nutzen entfaltet, dieser aber bei Weitem noch nicht sein gesamtes Potenzial zur Geltung bringen kann. Dies wird ersichtlich, wenn man sich die Preisunterschiede zwischen Mitgliedsstaaten für identische Güter oder Dienstleistungen vor Augen hält. In einem perfekt integrierten Markt sollten Preisunterschiede nur durch Transportkosten oder Unterschiede im Steuersystem erklärbar sein. In Europa ist das nicht der Fall: Identische Produkte in deutschen Supermärkten sind laut Studien um durchschnittlich 14 Prozent billiger als in Österreich; der europäische Strommarkt ist massiv fragmentiert, mit großen Preisunterschieden; auf dem Markt für neue Autos sind signifikante Preisunterschiede zwischen den Ländern zu beobachten, und so weiter. Marktordnungen, die Segmentierung von Märkten durch oligopolistische Unternehmen oder unzulängliche Infrastruktur sind potenzielle Gründe für solche Differenzen. Ihre Absenkung oder Eliminierung würde substanzielle Wohlfahrtsgewinne für die Europäerinnen und Europäer generieren.

Neben den Preisunterschieden kann man die Unvollendetheit des Binnenmarktes auch an den beobachtbaren Handelsströmen erkennen, zum Beispiel, indem man den handelsbeschränkenden Effekt von europäischen Binnengrenzen empirisch misst. In einer aktuellen Studie resümiert der renommierte spanische Ökonomieprofessor Jaume Ventura: »*Europe is far from having a single market*«.[5] Der Güterhandel zwischen zwei vergleichbaren, gleich weit entfernten aber in zwei unterschiedlichen Mitgliedsstaaten befindlichen Regionen beträgt im Durchschnitt nur 17,5 Prozent des Wertes, der für Regionen im selben Mitgliedsstaat gemessen wird. Der Effekt von Bundesstaatengrenzen in den USA ist sehr viel kleiner. Auch wenn dieser Maßstab für Europa nie erreicht werden kann – zu groß ist die kulturelle und sprachliche Diversität –, so gibt es dennoch viel zu tun, um den europäischen Binnenmarkt weiter auszubauen. Dazu braucht es Investitionen in Infrastruktur, kluge und unbürokratische Regulierungen, die Durchsetzung des Wettbewerbsrechts zur Verhinderung von Marktsegmentierung durch Unternehmen und vieles mehr.

Vor allem muss es gelingen, das Dilemma zwischen Erweiterung des Binnenmarktes und Vertiefung der politischen Union zu lösen. Wie das gehen könnte, wird in Kapitel 9 besprochen.

4

Der Euro: Der Weg zu einer »normalen« Währung

Die europäische Wirtschaftsgeschichte war über Jahrzehnte eine Abfolge immer wiederkehrender Währungskrisen, in denen sich die Wechselkurse zwischen den unabhängigen europäischen Währungen oft sprunghaft veränderten. Solche Ereignisse stören das Funktionieren des Binnenmarktes ganz erheblich. Ursprung des Problems sind unterschiedliche Inflationsraten zwischen den Ländern, getrieben durch unterschiedliche Geld- und Budgetpolitik sowie andere strukturelle Gegebenheiten, die unterschiedlich auf exogene Schocks reagieren. So führt etwa eine hohe öffentliche Verschuldung, die durch eine Ausweitung der Zentralbankbilanz erfolgt, zu Inflation. Solange die vorrangig von nationalen Interessen bestimmten Geld- und Budgetpolitiken der Länder innerhalb einer Region nicht vollständig gleichgeschaltet sind, muss man mit unterschiedlichen Inflationsraten rechnen. Die aktuelle Teuerungskrise zeigt einmal mehr, dass dies keine bloß theoretische Möglichkeit ist. Als Konsequenz gerät die Währung des Landes mit der höheren Inflationsrate unter Druck, weil der Verlust der preislichen Wettbewerbsfähigkeit zu Handelsbilanzdefiziten führt.

Wenn eine Währung gegenüber einer anderen ihren Wert verändert, sind Geschäfte, die zu den alten Bedingungen wirtschaftlich sinnvoll waren, plötzlich für die eine Seite nicht mehr profitabel. Die Unternehmen können gegen das Risiko von Wechselkursveränderungen Absicherungsgeschäfte tätigen, diese »Hedges« sind aber teuer, und das Risiko wird dadurch nicht eliminiert, sondern in das Finanzsystem verschoben. Wechselkursschwankungen machen also langfristige Geschäftsbeziehungen unsicher oder wenigstens teurer; sie führen auch zu geringerer Transparenz, sodass Preisvergleiche nicht so einfach sind.

Zu diesen betriebswirtschaftlich ärgerlichen Umständen kommen volkswirtschaftliche und politische Verwerfungen. Wird die Währung eines Landes gegenüber wichtigen Handelspartnern aufwertet, dann verteuern sich die Exporte, während sich die Importe verbilligen. Der Saldo der Handelsbilanz sinkt, was die Gewinne heimischer Unternehmen reduzieren und die heimische Arbeitslosigkeit erhöhen kann. Kommt es hingegen zu einer Abwertung, so entstehen entgegengesetzte Effekte. Zwar bedeutet eine Abwertung auch zusätzlichen Inflationsdruck, weil

die Importe teurer werden, dennoch gab es in der Wirtschaftsgeschichte immer wieder Versuche, durch mit geldpolitischen Mitteln herbeigeführte Abwertungen die heimische Konjunktur zu beleben. Eine solche Politik schadet allerdings den Handelspartnern, denn die Abwertung der einen Währung bedeutet automatisch eine Aufwertung der anderen Währung. Wenn Währungen flexibel gegeneinander schwanken können, sind solche Episoden immer wieder Anlass für Streitigkeiten zwischen Ländern, die sich gegenseitig Wechselkursmanipulation vorwerfen. Außerdem sind Währungen Objekte nationalen Stolzes. Über eine »harte« Währung zu verfügen, ist ein Stabilitätsanker, auf den Politiker und Wähler gerne verweisen, und dessen Ende, womöglich herbeigeführt von Währungsspekulanten, als wirtschaftspolitisches Versagen gebrandmarkt wird.

Wechselkursschwankungen, ob politisch induziert oder durch »exogene« Schocks herbeigeführt, belasten daher grenzüberschreitende wirtschaftliche Tätigkeiten. Daher gab es seit Beginn des europäischen Integrationsprojektes immer wieder Versuche, solchen Schwankungen mit verschiedenen Systemen Herr zu werden. Mit der

»europäischen Währungsschlange« und weiteren Systemen wurde seit 1972 versucht, durch Notenbankinterventionen die Wechselkurse der EU-Mitglieder innerhalb einer Schwankungsbreite von +2,5 Prozent zu halten, zuerst jeweils bilateral zum US-Dollar. Nach dem Ende der Goldbindung des Dollars verständigte man sich auf ein multilaterales Interventionssystem. Grundlage dafür war ein Abkommen, das die Staaten unter Einsatz der eigenen Währung zu Stützungskäufen der Währung, die unter Abwertungsdruck stand, verpflichtete.

Das Problem dabei: Wenn etwa die Deutsche Bundesbank italienische Lira kaufen sollte, musste sie dafür deutsche Mark einsetzen. Wenn sie dabei die Geldmenge konstant halten wollte, um nicht im Inland Inflation zu erzeugen, musste für den Aufbau von Lira-Reserven die heimische Kreditvergabe reduziert werden, was konjunkturelle Effekte hatte. Daher war die Bereitschaft, ohne Begrenzung ausländische Währungen zu kaufen, naturgemäß begrenzt, vor allem, wenn der in der deutschen Öffentlichkeit und Politik vermutete Grund für die Schwäche der Lira eine zu laxe italienische Geld- oder Fiskalpolitik war. Das Problem dabei: Die Marktteilnehmer wissen Bescheid und können versuchen, gegen den Verbleib einer Währung in der »Schlange« zu spekulieren. Das tun sie, indem sie etwa Mark kaufen und Lira verkaufen; damit verstärken sie den Abwertungsdruck auf die Lira und zwingen die Bundesbank zu immer höheren Stützungskäufen. Wenn die Stützungskäufe eingestellt werden müssen, erfolgt eine Aufwertung der Mark gegenüber der Lira und die Spekulanten machen Gewinne.

In verschiedenen Varianten kam es von den 1970er-Jahren bis in die 1990er-Jahre immer wieder zu solchen spekulativen Attacken. Die letzte große Krise des Systems erfolgte im Sommer 1993. Damals musste die Schwankungsbreite auf +15 Prozent ausgedehnt werden. Es zeigte sich, dass das Fixieren von Wechselkursen schwierig ist. Die Folgen waren fragmentierte Finanzmärkte in Europa, deutlich unterschiedliche Zinsen und daraus resultierende konjunkturelle Differenzen, die das Aufrechterhalten der Zollunion und des Binnenmarktes gefährdeten.

Auf der Tagung des Europäischen Rates im Dezember 1995 in Madrid wurde beschlossen, den europäischen Wechselkursmechanismus durch die Einführung einer gemeinsamen Währung zu ersetzen. Die nationalen Zentralbanken sollten nach einer Übergangszeit dadurch vollständig ihre geldpolitische Unabhängigkeit an eine neu zu errichtende gemeinsame Europäische Zentralbank (EZB) verlieren, sodass sie keine mit dem Wechselkursziel unvereinbaren Geldpolitiken mehr verfolgen konnten. Die EZB wurde auf eine stabilitätsorientierte Geldpolitik verpflichtet, die sich am Modell der Deutschen Bundesbank orientieren sollte. Ihr vorrangiges Ziel ist das der Geldwertstabilität; andere Ziele darf sie nur sekundär verfolgen, das heißt, wenn ihr eigentliches Ziel erreicht ist. Geldwertstabilität wird in der EU mit der Zielvorgabe für die jährliche Inflationsrate von 2 Prozent definiert.

Den Architekten der gemeinsamen Währung, des Euros, war klar, dass eine strikte Stabilitätsorientierung der Zentralbank allein nicht ausreichen würde. Es brauchte zusätzlich Regeln, die zu einer starken Koordination der Budgetpolitik der Länder führen sollten. Die Länder sollten normalerweise ausgeglichene Budgets haben. Mit einer Beschränkung der Neuverschuldung im Krisenfall auf 3 Prozent des Bruttoinlandsproduktes und der Staatsschuldenquote auf 60 Prozent des BIP sollte ausgeschlossen werden, dass die Schuldenpolitik eines Landes dort zu Inflation, in der Folge zu einem Verlust von Wettbewerbsfähigkeit und Handelsbilanzdefiziten führen würde. In einer solchen Konstellation könnte die EZB gezwungen sein, ihre Geldpolitik großzügiger zu gestalten (etwa durch Zinssenkungen), um die Konjunktur zu beleben. Das wiederum könnte das Inflationsziel gefährden. Die Euroländer legten sich fest, im Falle von Staatsschuldenkrisen die Schulden eines notleidenden Landes nicht zu kaufen (No-Bailout-Klausel). Auch die EZB wurde in den europäischen Verträgen verpflichtet, den Staaten nicht direkt Schuldentitel abzukaufen und sie so zu finanzieren. Damit wollte man sicherstellen, dass jedes Land für sich ein Interesse an solider Budgetpolitik haben sollte. In Abwesenheit externer Rettungsmechanismen würden hohe Schulden zu hohen Zinsen führen, niedrige Schulden zu niedrigen Zinsen, was die Staaten zu Budgetdisziplin veranlassen sollte.

Alle EU-Staaten müssen eigentlich den Euro als gemeinsame Währung annehmen. Das bedeutet einen Verzicht auf eine eigene Geldpolitik. Hat ein Land keine starke Reputation, die

Inflation niedrig und die Währung stabil zu halten, dann ist ein Beitritt zur Eurozone eine Möglichkeit, die europäische Stabilitätskultur zu importieren. Ist das nicht der Fall, könnte ein Land es bevorzugen, die eigene Währung zu behalten. Mit dem Euro sinken aber die Transaktionskosten, was gut für Außenhandel und Tourismus ist. Aktuell haben 20 der 27 EU-Mitglieder den Euro als Währung. Das bisher letzte EU-Land, das den Euro eingeführt hat, war Kroatien zum 1. Januar 2023. Manche Länder haben Ausnahmen ausgehandelt, sodass sie nicht der Eurozone beitreten müssen; das war der Fall bei Großbritannien und ist immer noch der Fall bei Dänemark und Schweden. Diese Länder binden allerdings ihre Währungen an den Euro; solange diese Fixierung glaubwürdig ist, existieren keine Wechselkursänderungsrisiken. Es bleiben aber Transaktionskosten beim Währungstausch. Die beiden Länder sind bekannt für sehr gut ausgebaute digitale Zahlungssysteme; damit minimieren sie die Transaktionskosten. Andere Länder wollen die gemeinsame Währungsunion, müssen die Kriterien für die Einführung des Euros aber erst erfüllen, Bulgarien oder Rumänien etwa. Wieder andere müssten beitreten, wollen aber derzeit nicht und werden auch nicht gezwungen, dies gilt für Tschechien, Ungarn oder Polen.

Viele Ökonominnen und Ökonomen, vor allem aus den USA, waren hinsichtlich der Schaffung einer gemeinsamen europäischen Währung skeptisch. Sie vermuteten, dass die großen Unterschiede in Entwicklungsstand, Wirtschaftsstruktur und politischen Traditionen der einzelnen Länder zu dauerhaften und schwer zu verkraftenden Unterschieden in den Inflationsraten führen würden. Befürworter des Euro wiederum argumentierten, dass die Schaffung einer gemeinsamen Währung eben diese Differenzen einebnen würde. In den ersten Jahren des Europrojektes schien es, als ob sie recht behalten würden. Die Euro-Schuldenkrise ab etwa 2010 bestätigt aber wohl eher die Skepsis der amerikanischen Kritiker.

Wie dem auch sei: Am 31. Dezember 1998 wurden die Wechselkurse der Mitglieder der neuen Eurozone unwiderrufbar festgelegt. Am Tag danach erfolgte die Einführung des Euro als Buchgeld, am 1. Januar 2002 auch als Bargeld. Schon seit der Ratstagung von Madrid kam es zu einer starken Konvergenz der Zinsen in den Mitgliedsstaaten auf das Niveau der bisher stabilsten Länder Deutschland, Niederlande und Österreich. Dies führte in den Ländern mit bis dato höherer Inflation zu einem Konjunkturboom, weil Investitionen in Maschinen oder Fabrikhallen günstiger wurden. Dieser Prozess trieb allerdings auch die Inflation an, weil das Angebot mit der steigenden Nachfrage nicht mithielt.

Die starke Zinskonvergenz hätte sehr früh die Alarmglocken schrillen lassen müssen, denn sie bedeutete, dass die Finanzmärkte die Bonität der Euroländer trotz großer Unterschiede in den Schuldenständen gleich bewerteten. Normalerweise sollten aber höhere Schulden zu Zinsdifferenzen führen, weil die Schulden stärker verschuldeter Staaten mit einem höheren Ausfallrisiko verbunden sind, für das die Investoren Kompensation verlangen. Das war in den Anfangsjahren des Euro allerdings nicht der Fall, was darauf schließen lässt, dass die Marktteilnehmer erwarteten, dass entweder die anderen Mitgliedsstaaten oder aber die EZB den Ausfall eines Staates verhindern würden.

Es stellte sich schnell heraus, dass die budgetpolitischen Vorgaben, die sogenannten Maas-

Die
starke Zinskonvergenz
hätte sehr früh die
Alarmglocken
schrillen lassen müssen,
denn sie bedeutete,
dass die Finanzmärkte
die Bonität
der Euroländer
trotz großer Unterschiede in den
Schuldenständen
gleich bewerteten.

tricht-Kriterien, von den Mitgliedsländern nicht allzu ernst genommen wurden. In Phasen schwachen Wachstums und hoher Arbeitslosigkeit griffen die Regierungen aller Euroländer, früh auch Deutschland und Frankreich, zu schuldenfinanzierten Konjunkturpaketen, die zu höheren Schulden und zu Inflationsdruck führten. Trotzdem kam es nicht zu divergierenden Zinsen.

Der Inflationsdruck blieb über viele Jahre trotz expansiver Politiken sehr klein. Der wohl wichtigste Grund dafür lag darin, dass ziemlich zeitgleich mit der Einführung des Euro der Globalisierungsprozess mit dem Beitritt Chinas in die Welthandelsorganisation (Dezember 2001) massiv an Geschwindigkeit gewann. Chinesische Billigwaren begannen die europäischen Märkte zu fluten und die Preise vieler Güter nach unten zu drücken. Die Globalisierung der Finanzmärkte steigerte die Nachfrage nach Anlagetiteln guter Bonität und drückte so die langfristigen Zinsen von Schuldtiteln der Euroländer. Es schien, als ob die steigende Verschuldung keine negativen Effekte mit sich brachte.

Die globale Wirtschafts- und Finanzkrise von 2008/09, die mit der Pleite der US-Investmentbank Lehman Brothers begann, führte zu einer abrupten Veränderung der Situation. Auch in Europa kam es zu massiven Verwerfungen auf den Finanzmärkten, in deren Folge Banken mit staatlicher Hilfe rekapitalisiert (»gerettet«) werden mussten. Dadurch erhöhte sich die Verschuldung vieler Euroländer sehr deutlich. Das trieb den Schuldendienst der nationalen Haushalte in die Höhe und beschränkte ihre Möglichkeiten, bei weiteren Konjunktureintrübungen durch erhöhte Staatsausgaben Impulse setzen zu können. Als nach der Krise, anders als etwa in China, das ebenfalls betroffen war, oder den USA, in Europa das Wachstum nicht anzog, traten auf den Märkten Zweifel auf, ob einzelne Mitgliedsstaaten ihre angehäuften Schulden auch tatsächlich bedienen konnten.

Wieder kam es zu spekulativen Attacken. Investoren verkauften die Anleihen hoch verschuldeter Länder wie Portugal, Italien, Griechenland, Spanien (abwertend abgekürzt PIGS) und Zypern, was die Zinsen dort in die Höhe trieb und den Schuldendienst weiter erschwerte und Zahlungsausfälle noch wahrscheinlicher machte. Die europäische Politik reagierte gemeinsam mit dem

Internationalen Währungsfonds und versuchte, gegen Auflagen die Staaten mit Finanzhilfen zahlungsfähig zu halten. Diese Auflagen aber zwangen die Länder zu Austerität, das heißt, zu einer Sparpolitik, die wiederum Arbeitslosigkeit, Pensionskürzungen und Rezession zur Folge hatten. Außerdem verstießen die Programme gegen die No-Bailout-Klausel.

Ähnlich wie bei den Stützungskäufen im Europäischen Währungssystem waren den Rettungsprogrammen allerdings Grenzen gesetzt, weil die Programme für diejenigen Länder mit soliden Staatsfinanzen Belastungen darstellten. Ähnlich wie früher war die Bereitschaft in Deutschland, Finnland oder den Niederlanden nicht endlos, Hilfe zu leisten, zumal die PIGS für ihre finanzpolitische Situation durch schlechte Politik auch selbst Verantwortung trugen. Dies und die erforderliche Austerität in den Krisenstaaten ließen immer weitere Zweifel daran aufkommen, ob Länder wie Griechenland oder Italien im Euro verbleiben würden. Durch einen Austritt könnten sie den Zwängen der Austerität entkommen und ihre Volkswirtschaften durch Wiedereinführung und Abwertung der Drachme oder der Lira wieder wettbewerbsfähig machen. Solche Überlegungen führten zu immer weiteren Verkäufen von Anleihen der Krisenländer, was die Austrittswahrscheinlichkeit weiter erhöhte.

Erst als der Präsident der EZB, Mario Draghi, im Sommer 2012 versprach, wirklich alles zu tun, um die Krisenländer im Euro zu halten (»... *the ECB is ready to do whatever it takes to preserve the euro. And believe me, it will be enough.*«), und damit direkte Käufe von Staatsanleihen durch die EZB in den Raum stellte, kamen die spekulativen Attacken zu einem Ende. Der Grund dafür lag darin, dass die EZB, anders als die Finanzminister der Mitgliedsstaaten, über unbegrenzte Möglichkeiten verfügt, notleidende Anleihen aufzukaufen. In der Tat kam es zu einer massiven Ausdehnung der Bilanz der EZB, die immer mehr Staatsanleihen (auch von »soliden« Ländern) aufkaufte und dafür Zentralbankliquidität zur Verfügung stellte. Außerdem hielt die EU ihre Leitzinsen sehr niedrig, was ebenfalls die Staatsfinanzierung erleichterte (aber kein Spezifikum europäischer Geldpolitik darstellte). Mit der »whatever it takes«-Rede hat Europa sein Währungssystem insofern normalisiert, als nun klar ist, dass die EZB den Mitgliedsstaaten als

Rettungsanker zur Verfügung steht. In allen anderen Währungsräumen sind ebenfalls die Zentralbanken die Garanten für die Zahlungsfähigkeit ihrer Staaten in der eigenen Währung. Damit ist allerdings verbunden, dass die Mitgliedsstaaten des Eurosystems gebremste Anreize haben, auf geringe Budgetdefizite zu achten, weil die EZB im Ernstfall für die Schulden geradesteht. Schulden wirken aber tendenziell inflationär, insbesondere wenn 20 Einzelstaaten jeweils für sich über die Budgetpolitik entscheiden und die Auswirkungen ihrer Entscheidungen auf die gesamte Eurozone nur teilweise berücksichtigen. Insofern ist diese Normalisierung der europäischen Geldpolitik stabilitätspolitisch ein Risiko und ein Bruch mit dem ursprünglichen Design der Euro-Gründungsväter.

Jedenfalls hat die berühmte Rede von Mario Draghi dazu geführt, dass die Zinsen, die die verschiedenen Euroländer für ihre Staatsschulden zahlen müssen, sich wieder deutlich angenähert haben, wenn auch nicht so weit wie vor der Euro-Schuldenkrise. Der Preis für die Stabilisierung der Eurozone war eine extrem expansive Geldpolitik, die letztlich darin bestand, es wurde gerade gesagt, hohe Anteile der Schuldstände der

Länder auf die Bilanz der EZB zu nehmen und so trotz des Staatsfinanzierungsverbots faktisch zu monetisieren. Dass es jahrelang trotz dieser Politik nicht zu höherer Inflation kam, lag daran, dass der Importwettbewerb des Auslands die Preise niedrig hielt. Außerdem verblieb die Liquidität zunächst in den Banken, was deren Rekapitalisierung erleichterte, und sie führte nicht zu verstärkter Nachfrage nach Gütern und Dienstleistungen. Erst als in der Folge der Corona-Krise bei stark eingeschränktem Angebot an Gütern und vor allem Dienstleistungen die Staaten ihre Neuverschuldung massiv in die Höhe fuhren, um damit direkte Transfers an Haushalte und Unternehmer zu finanzieren, entstand massiver Inflationsdruck. Zusammen mit den Auswirkungen des Krieges in der Ukraine und den damit verbundenen Verwerfungen auf den Energiemärkten löste diese Politik die größte Teuerungskrise der europäischen Geschichte seit den 1970er-Jahren aus.

Auch in anderen Währungsräumen kam es zu hoher Inflation, so etwa in den USA und allen EU-Staaten, die nicht den Euro haben. Innerhalb der Eurozone sind die Teuerungsraten sehr unterschiedlich, sodass man nicht einfach nur der Geldpolitik der EZB die Schuld am rapiden Verfall der Kaufkraft geben kann. Es stimmt aber, dass die europäische Geldpolitik sehr lange an Nullzinsen und Ankaufprogrammen festgehalten hat, die sich aufbauende Inflationsentwicklung als eine kurzfristige, vorübergehende Erscheinung abgetan hat und so relativ spät, aber umso massiver mit Zinsanhebungen reagiert hat. Solche Fehler sind in der Geldpolitik besonders problematisch, weil die Marktteilnehmer sich daran erinnern und ihre Inflationserwartungen nach oben revidieren. Das macht die Verfolgung einer Stabilitätspolitik schwieriger.

Weil die Disziplinierungsfunktion der Märkte durch die Garantie der EZB geschwächt wird, steigt die Bedeutung von Regeln für die Budgetpolitik der Länder. Sie sollen dazu dienen, dass sich die Länder nicht rücksichtslos verschulden. Diese Regeln engen die Finanzminister der Mitgliedsstaaten zwangsläufig ein, wodurch sie bei diesen wenig beliebt sind und oft mit viel Kreativität umgangen werden. Aus diesem Grund werden die Regeln immer wieder ergänzt und angepasst. Das Ziel ist stets, einerseits den Regierungen Spielräume zu geben, um gegen Rezessionen und

Innerhalb der
Eurozone sind die
Teuerungsraten
sehr unterschiedlich,
sodass man nicht
einfach nur
der Geldpolitik
der EZB
die Schuld am rapiden
Verfall der Kaufkraft
geben kann.

Konjunkturflauten vorgehen zu können, andererseits aber das Schuldenmachen einzugrenzen. Das hat zu einem höchst komplexen Regelwerk geführt, das der Stabilitäts- und Wachstumspakt zusammenfasst. Allein die Erklärung der Regeln im sogenannten Vademecum der EU-Kommission benötigt fast 100 Seiten (Fassung 2019). Viele der Regeln werden von Wissenschaft und Praxis kritisiert, weil sie auf dubiosen Grundlagen beruhen – etwa die Methoden, mit denen die Defizite der Staaten um konjunkturelle Schwankungen bereinigt werden, um so das sogenannte strukturelle Defizit zu bestimmen. Andere Regeln sind so ambitioniert, dass ihre Einhaltung von vornherein unrealistisch ist. So müssen die Länder, deren Schuldenquoten 60 Prozent des BIP übersteigen, eigentlich jedes Jahr die Quote um ein Zwanzigstel der Zielverfehlung absenken. Österreich etwa, das 2023 eine Schuldenquote von circa 76 Prozent aufweist, müsste daher eigentlich in den folgenden Jahren den Wert um 16 Zwanzigstel eines Prozentpunktes pro Jahr absenken. Österreich wird in den kommenden Jahren gegen diese Regel verstoßen, genauso wie die meisten anderen Euroländer das tun. Regeln, von denen von vornherein klar ist, dass sie nicht eingehalten werden, haben aber keinen Wert. Aber auch die vernünftigeren Fiskalregeln leiden unter dem Problem, dass sie nicht leicht durchsetzbar sind. Daher sollten die Finanzmärkte die Staaten disziplinieren dürfen, indem sie hohe Schulden mit hohen Zinsen auf Staatsschuldverschreibungen bestrafen. Durch die Politik der EZB wird aber auch dieser Mechanismus abgeschwächt. Die Folge ist zu hohe Verschuldung in zu vielen Euroländern und damit verbunden Inflationsdruck, der wiederum mit hohen Zinsen der EZB bekämpft werden muss.

Bei aller Kritik muss aber eines gesagt sein: In den knapp 25 Jahren ihrer Existenz ist die durchschnittliche Inflationsrate in der Eurozone deutlich geringer gewesen als der über die aktuellen Mitgliedsländer ermittelte Durchschnitt während des Vierteljahrhunderts davor. Ob das mit der Konstruktion der Währungsunion zu tun hat – oder trotz ihrer internen Schwierigkeiten so eingetreten ist –, ist aber unklar. Denn nicht nur die Geldpolitik, sondern auch weltwirtschaftliche Entwicklungen haben bis vor Kurzem die Inflation nach unten gedrückt. Die große Frage ist, ob diese glücklichen Umstände weiter Bestand haben werden. Man darf skeptisch sein. Vor allem

Trotzdem führt kein Weg an ernsthaften Fiskalregeln für die Mitgliedsstaaten vorbei — so unbeliebt sie auch sein mögen, so essenziell sind sie. Das müssen auch die populistischen Politiker in Europa verstehen.

von der Globalisierung wird angesichts steigender geopolitischer Risiken deutlich weniger Rückenwind kommen; auch die Alterung der europäischen Gesellschaften und die Energiewende dürften den Inflationsdruck erhöhen. Die EZB hat alle Mittel, um gegenzusteuern, allen voran natürlich das Mittel der Zinspolitik. Doch wird sie dieses Instrument einsetzen, wenn dadurch beispielsweise in einem großen Mitgliedsland wie Italien eine Staatsschuldenkrise droht?

Wie kann sich die Eurozone stabiler aufstellen? Mehr Marktdisziplin wäre gut; dafür müsste aber die No-Bailout-Klausel aus der Versenkung geholt und mit hoher Glaubwürdigkeit aufgeladen werden, also tatsächlich angewandt werden. Es sieht nicht so aus, als ob dies realistisch ist. Ein alternativer Weg bestünde darin, auch die Budgetpolitik, bisher ein eifersüchtig gehütetes Privileg der einzelnen Mitgliedsstaaten, stärker auf die europäische Ebene zu ziehen, wo die wirtschaftspolitische Verantwortlichkeit für die ganze Europäische Union klar wahrgenommen werden müsste; siehe dazu die Überlegungen rund um das EU-Budget. Das wäre jedenfalls ein weiteres Element einer Normalisierung. In allen anderen existierenden Währungsräumen mit stark ausgeprägter föderaler Struktur gibt es ein deutlich größeres gemeinsames Budget als in der EU. Trotzdem führt kein Weg an ernsthaften Fiskalregeln für die Mitgliedsstaaten vorbei – so unbeliebt sie auch sein mögen, so essenziell sind sie. Das müssen auch die populistischen Politiker in Europa verstehen, sonst haben sie höhere Inflation, geringeres Wachstum und internationalen Ansehensverlust zu verantworten.

Die Konstruktionsfehler der Eurozone sind nicht nur ein makroökonomisches Thema. Denn der Euro ist auch für das Funktionieren des Binnenmarktes ein wichtiges Schmiermittel. Die aktuelle Forschung zeigt, dass der Euro den bilateralen Handel um circa 7 Prozent erhöht, indem er die Transaktionskosten dauerhaft um ungefähr 2 Prozent absenkt. Daraus resultieren Wohlstandsgewinne, die nur sehr ungenau abgeschätzt werden können, sich im Eurozonendurchschnitt aber zwischen 0,5 und 1,0 Prozent bewegen dürften. Im Falle Österreichs liegt der geschätzte Wert bei 0,88 Prozent, was beim Pro-Kopf-Einkommen von aktuell circa 50.000 Euro einen Vorteil von 440 Euro ausmachen würde. Für Deutschland fallen die Ergebnisse etwas kleiner aus (etwa 300 Euro), sind dafür aber besser statistisch abgesichert. Das Land, das den größten Vorteil aus dem Euro zieht, ist Luxemburg. Gäbe es den Euro nicht, wäre das Pro-Kopf-Einkommen dort um 2,5 Prozent geringer.[6]

Außerdem ist der Euro auch ein geopolitisches Instrument. Kaum vorstellbar, wie sich eine große Handelsmacht wie die EU ohne eigene Währung in Zeiten hoher geopolitischer Risiken behaupten soll. Inkonsistenzen in der geldpolitischen Ordnung der Eurozone führen aber dazu, dass der Euro als weltweit verwendete Währung nicht die Bedeutung hat, die man sich als Europäer wünschen würde und erwarten dürfte. Immerhin ist Europa nach wie vor die weltgrößte Handelsmacht; es ist ein großer Vorteil, wenn die eigenen Exporte und Importe in der eigenen Währung abgerechnet werden können. Wird der Euro auch international bei Geschäften eingesetzt und als Reservewährung verwendet, entstehen in Europa sogenannte Seigniorage-Gewinne (Geldschöpfungsgewinne), die bei der Ausgabe von Währung entstehen. Aktuell werden weltweit nur circa 21 Prozent der Währungsreserven von Zentralbanken in Euro gehalten (Jahr 2022). Der Anteil des US-Dollars ist dreimal so hoch; der Anteil des chinesischen Renminbis liegt aktuell bei 7 Prozent, steigt aber kontinuierlich. Damit der Euro nicht absteigt, braucht es Reformen, die langfristig Stabilität garantieren. Reformen müssen aber die dreifaltige Bedeutung des Euro sehen: erstens als geldpolitisches Projekt, zweitens als Baustein für einen dynamischen Binnenmarkt und drittens als geopolitisches Instrument zur Wahrung der europäischen Interessen. Eine gesamtheitliche Betrachtung des Euro heißt dann aber fast zwangsläufig, dass man in den einzelnen Teilbereichen Kompromisse machen muss.

Die Konstruktionsfehler der Eurozone sind nicht nur ein makroökonomisches Thema. Denn der Euro ist auch für das Funktionieren des Binnenmarktes ein wichtiges Schmiermittel.

5

Von Nettozahlern und Nettoempfängern

Die EU hat im Jahr 2022 Ausgaben von insgesamt 243 Milliarden Euro getätigt. Dieser Betrag entspricht circa 1,54 Prozent des Bruttonationaleinkommens (BNE) der EU.[7] Im Vergleich zu den nationalen Budgets ist dieser Betrag verschwindend klein. Allein Deutschland hat im Jahr 2022 500 Milliarden Euro auf Bundesebene ausgegeben, also mehr als doppelt so viel wie das ganze EU-Budget; in Österreich, einem Land mit weniger stark ausgeprägter föderaler Struktur, waren es 2022 immerhin 100 Milliarden Euro auf Bundesebene. Auf Landes- und Gemeindeebene kommt noch einmal eine ähnliche Größenordnung dazu. Die Staatsquoten der meisten Länder der EU liegen bei über 40 Prozent des BIP.

Dabei ist das Budget der EU 2022 deutlich größer als in früheren Jahren; bislang betrug es circa 1 Prozent des EU-BNE. Der Zuwachs, der 2022 möglich war, ist das Ergebnis des Programms Next Generation EU, das eine massive Schuldenaufnahme vorsieht. Die nationalen Einzahlungen in das EU-Budget betragen nach wie vor ungefähr 1 Prozent des BNE oder 156 Milliarden Euro. Sie setzen sich im Groben zusammen aus Zolleinnahmen (im Jahr 2022 circa 26 Mrd. Euro), einem Anteil auf die Mehrwertsteuereinnahmen der

Mitglieder (in Summe etwa 20 Mrd. Euro) und einem Beitrag, der proportional zum BNE eingehoben wird und den Großteil der Finanzierung der EU ausmacht (im Jahr 2022 104 Mrd. Euro). Neuerdings kommen noch Einnahmen aus einer Plastiksteuer hinzu (6 Mrd. Euro).[8] Alle diese Beträge klingen groß, doch bezogen auf das EU-BNE (2022: 15.808 Mrd. Euro) sind sie relativ klein. In Summe machten sie 2022 circa 0,99 Prozent des BNE aus.

Der Anteil der nationalen BNE, der an die EU geht, unterscheidet sich zwischen den Ländern: Deutschland trug 2022 circa 0,9 Prozent seines Nationaleinkommens bei, Österreich 0,8 Prozent, Italien, Frankreich und Spanien ziemlich genau 1,0 Prozent. Hier sind die nationalen Unterschiede also gering.

Die aus dem EU-Budget erhaltenen Mittel sind deutlich ungleicher verteilt. Sie machen etwa in Deutschland 0,4 Prozent des BNE aus, sodass es zu einem Nettoabfluss an das EU-Budget in der Höhe von circa 0,5 Prozent des BNE kommt. In Österreich kam es zu Auszahlungen der EU in der Höhe von circa 2,26 Milliarden Euro; der nationale Beitrag lag (nach diversen Anpassungen) effektiv bei 3,29 Milliarden Euro, sodass der Nettobeitrag zur EU etwas mehr als 1 Milliarde Euro betrug (oder 0,23 Prozent des BNE). 2022 gab es insgesamt neun Nettozahler. Der größte war Deutschland (0,43 Prozent des BNE), gefolgt von Schweden, Frankreich und den Niederlanden. Österreich kommt an fünfter Stelle. Auch Finnland, Dänemark, Irland und Italien sind Nettozahler. Sechzehn Länder sind Nettoempfänger. Der größte ist Lettland, das einen Transfer von 2,71 Prozent seines BNE erhält. Es folgen Ungarn, Litauen, Estland und Kroatien, aber auch die Slowakei, Rumänien, Griechenland, Bulgarien und Polen bekamen aus den EU-Töpfen etwa 2 Prozent ihres BNE an Nettozuflüssen. Der Nettozufluss von EU-Mitteln nach Spanien ist mittlerweile fast null; Slowenien, Malta, Zypern, Tschechien und Portugal erhalten rund 1 Prozent ihres BNE. Belgien und Luxemburg haben hohe Einzahlungen in das EU-Budget, doch sind sie Sitzländer von EU-Institutionen. Daher werden auch hohe Auszahlungen getätigt. Sie passen nicht in das Schema »Nettozahler versus Nettoempfänger«.

Die reine Betrachtung von finanziellen Nettobeiträgen führt allerdings gleich aus mehreren Gründen in die Irre. Erstens ergibt sich der Nutzen der EU-Mitgliedschaft nicht aus den Ein- und Auszahlungen des EU-Budgets. Wäre dem so, wäre das europäische Einigungsprojekt ein bloßes Nullsummenspiel. In diesem Buch werden zahlreiche Argumente und Berechnungen aufgeführt, die klar belegen, dass die Integration einen Mehrwert für alle Mitglieder stiftet, der in wirtschaftlicher Hinsicht relativ klar quantifiziert werden kann, in politischer Hinsicht hingegen subjektiver Bewertungen bedarf. Zweitens fließen die Nettobeiträge von Mitgliedern mit hohen zu Mitgliedern mit geringeren Pro-Kopf-Einkommen. Mit relativ geringen Mitteln der reichen Länder lassen sich relativ große Effekte in den ärmeren Ländern bewirken. Das hat zum einen mit den niedrigeren Preisniveaus im Süden und Osten der EU zu tun, zum anderen mit der Vermutung, dass die Aufgabe von 0,43 Prozent des BNE für den größten Nettozahler Deutschland einen deutlich geringeren Verzicht bedeutet als der Zugewinn in den Nettoempfängerländern, die teilweise bis zu knapp 3 Prozent ihrer BNE aus EU-Mitteln erhalten. Schon aus diesem Grund ist für die EU als Ganzes mit Positivsummengewinnen zu rechnen. Die Umverteilung schafft also einen gesamteuropäischen Vorteil. Der dritte Grund, warum die rein buchhalterische Betrachtung zu kurz greift, liegt darin, dass die wirtschaftlichen Vorteile des Binnenmarktes in zentralen EU-Staaten größer sind als in der Peripherie, sodass es nur gerecht ist, wenn diese Vorteile umverteilt werden. Dabei geht es durchaus auch darum, die Nettovorteile für Länder am Rand der Gemeinschaft so groß zu machen, dass sich die EU-Mitgliedschaft eindeutig lohnt, auch wenn aufgrund der Personenfreizügigkeit beträchtliche Anteile der jungen Bevölkerungskohorten in reichere EU-Länder migrieren und der industrielle Kern der EU im geographischen Zentrum liegt.

Die Verhandlungen über das EU-Budget werden alle sieben Jahre mit großer Intensität geführt. Sie führen zur Bestimmung eines mehrjährigen Finanzrahmens, der die Höhe und die Verteilung der verfügbaren Mittel festlegt. Der Finanzrahmen muss einstimmig beschlossen werden. Der aktuelle Rahmen reicht vom Jahr 2021 bis in das Jahr 2027. Erstmals in der Geschichte der EU enthält er mit dem schon erwähnten Programm Next Generation EU (NGEU) eine Komponente, die nicht mit den traditionellen Eigenmitteln der

EU finanziert wird, sondern mit der Aufnahme gemeinsamer Schulden. Über den mehrjährigen Finanzrahmen stehen der EU (in Preisen von 2019) circa 1074 Milliarden Euro zur Verfügung; dazu kommen 750 Milliarden Euro aus dem NGEU, so dass über sieben Jahre 1824 Milliarden Euro bereitstehen. Diese Zahlen sind inflationsindiziert und haben sich daher durch die in den letzten Jahren sehr hohe Inflation in absoluten Zahlen bereits um etwa 20 Prozent erhöht.

Die Mitgliedsländer haben in den Verhandlungen ihre Nettobeiträge im Kopf. Diese hängen stark davon ab, für welche Programme die an die EU fließenden Mittel verwendet werden. Sinkt der Nettobeitrag eines Landes oder steigt der Nettozufluss, wird dies üblicherweise in den Mitgliedsstaaten als Erfolg gefeiert, findet das Gegenteil statt, als Niederlage. Aber auch die Höhe des EU-Budgets ist stets ein wichtiger Streitpunkt. Dabei wird oft monatelang darum gerungen, ob das Budget um einige wenige Hundertstel Prozentpunkte über oder unter 1 Prozent des BNE liegen soll. Die aus volkswirtschaftlicher Perspektive optimale Höhe eines EU-Budgets wird dabei selten thematisiert.

Für die Bestimmung der optimalen Höhe eines EU-Haushaltes sollten eigentlich zwei Faktoren ausschlaggebend sein: erstens, welche Aufgaben zentral von der EU erledigt werden sollen und welche Mittel dafür erforderlich sind, und zweitens, welche makroökonomische Funktion das Budget für das Funktionieren von Währungsunion und Binnenmarkt spielt. Wünschenswert wäre, wenn bei diesen Überlegungen das langfristige Wohl der Bürgerinnen und Bürger der EU im Vordergrund stünde und nicht reine machtpolitische Überlegungen, die die Bewahrung des Status Quo zum Ziel haben.

Warum die EU ein größeres Budget braucht, aber keine Schuldenunion werden sollte

Es wurde schon ausgeführt, dass die EU-Mitgliedsländer aus sehr guten Gründen wichtige Instrumente zur Steuerung der Konjunktur an europäische Institutionen abgegeben haben. In der Eurozone verfügen die Staaten über keine eigene Geldpolitik mehr. Sie können also nicht, wie vor Schaffung der gemeinsamen Währung, durch eine eigene Zins- oder Wechselkurspolitik konjunkturelle Schocks abfedern. Außerdem existieren Regeln für die Budgetpolitik, die verhindern sollen, dass die einzelnen Länder hohe Schulden eingehen, die die gemeinsame Währung schwächen und darüber hinaus auf die ganze EU inflationär wirken können. Der Binnenmarkt beschränkt außerdem die Verwendung möglicher anderer Instrumente, wie etwa von Subventionen oder regulatorischen Maßnahmen. In diesem Kontext stellt sich daher die Frage, wie mit Schocks umzugehen ist, die die Länder der EU unterschiedlich treffen. Die Hoffnung, dass durch die fortschreitende Integration Europas die konjunkturelle Entwicklung der Mitgliedsstaaten immer synchroner abläuft und solche asymmetrischen Schocks weniger häufig werden, hat sich bisher nicht erfüllt. Weil die Länder auf unterschiedliche Branchen spezialisiert sind, über unterschiedliche Institutionen verfügen und unterschiedliche Pro-Kopf-Einkommen haben, wirken auch globale Ereignisse – wie etwa ein drastischer Anstieg des Erdölpreises – jeweils anders.

In Europa müssen vor allem die nationalen Haushalte negative Ereignisse, etwa durch stark steigende Energiepreise, eine Pandemie oder einen Handelskrieg mit einem wichtigen Partnerland, abfedern. Konkret bedeutet das, dass die Länder Schulden aufnehmen, um Hilfsmaßnahmen zu finanzieren. Die Fiskalregeln der EU können solche Vorgänge erschweren. Wenn einzelne Länder in der Vergangenheit schon hohe Schulden aufgehäuft haben – aus welchen Gründen auch immer –, dann können sie selbst nicht oder nur schwach auf konjunkturelle Einbrüche reagieren, weil die Finanzmärkte kein frisches Geld leihen wollen. Dies führt in der aktuellen Situation de facto dazu, dass die EZB in die Bresche springt, entweder indem sie ihre Geldpolitik lockert – was dann auch in anderen Ländern zu einer Stimulierung der Nachfrage und somit zu Inflationsdruck führt – oder Anleihen des betroffenen Landes verstärkt in die eigene Bilanz nimmt – was sie nur unter strengen Auflagen tun darf.

In Bundesstaaten, ob man die USA, Deutschland oder die Schweiz zum Vorbild nimmt, wird ein großer Anteil des Ausgleichs solcher asymmetrischer Schocks durch sogenannte automatische Stabilisatoren erreicht. Neben der Glättung kurzfristiger Unterschiede zwischen den Teilstaaten (Bundesstaaten, Kantone) dämpfen die automatischen Stabilisatoren auch die zeitlichen Schwankungen, die von Schocks verursacht werden, die alle regionale Einheiten gleichermaßen betreffen. Damit erfolgt eine makroökonomische Versicherung. Das Prinzip ist wie folgt: Die Zahlungen der einzelnen Regionen in das zentrale Budget schwanken mit dem Konjunkturzyklus. In einer Rezession wird weniger gezahlt als in einem Boom. Das kann bewerkstelligt werden, indem die Zahlung streng proportional zur Wirtschaftsleistung ist, wie dies im EU-Budget im Grunde bereits angelegt ist, oder indem sie sogar überproportional reagiert. Die Mittel, die den Regionen zufließen, werden hingegen über den Konjunkturzyklus (preisbereinigt) konstant gehalten. So entsteht in Rezessionen ein höherer Zufluss zentraler Mittel (oder ein geringerer Abfluss bei Nettozahlern), in Boomzeiten ein stärkerer Abfluss (oder ein geringerer Zufluss bei Nettozahlern). Damit leistet das zentrale Budget einen Beitrag zur makroökonomischen Stabilisierung einer Währungsunion. Wenn das Budget »atmet«, das heißt, wenn in Rezessionen Schulden gemacht und in Boomzeiten getilgt werden, dann wird mit diesem Mechanismus sogar der gemeinsame Konjunkturzyklus geglättet.

Der große Vorteil eines solchen automatischen Stabilisierungsmechanismus ist, dass er rasch wirkt und keine unmittelbaren politischen Entscheidungen (etwa Steuersenkungen) erfordert. Nach Eintreten eines Schocks müssen nicht erst über den Weg langer und oft kontroverser Verhandlungen politische Ausgleichsprogramme erfunden und umgesetzt werden. Diese wirken in der Regel mit großer Verzögerung, sodass sie konjunkturelle Schwankungen eher verstärken als abschwächen. Außerdem führt der zeitliche Druck, unter dem sie verhandelt werden müssen, zu schlechten (zum Beispiel wenig zielgerichteten) Maßnahmen. Und sie sorgen regelmäßig für politischen Streit, weil die Länder, die nicht oder weniger stark von negativen Schocks, das heißt für die Gesamtwirtschaft nachteiligen Ereignissen, betroffen sind, diesen Umstand ihrer eigenen tugendhaften Politik zuschreiben und den anderen Ländern vorhalten, durch unterlassene Reformen oder falsche Maßnahmen die Problemlage erst herbeigeführt zu haben. Diese Verzögerungen und politischen Auseinandersetzungen schwächen die Währungsunion, weil sie die Finanzmärkte verunsichern. Der regelmäßige Streit unterminiert außerdem das Vertrauen der Bürgerinnen und Bürger in die europäischen Institutionen.

Damit ein automatischer Stabilisierungsmechanismus funktionieren kann, muss das zentrale Budget allerdings über eine gewisse Mindestgröße verfügen. In der wissenschaftlichen Literatur ist weitgehend unumstritten, dass Budgets, die bloß 1 Prozent des EU-BNE umfassen, deutlich zu klein sind. Vielmehr braucht es Budgets, die mindestens 4 Prozent des gemeinsamen BNE ausmachen. Nur so können asymmetrische Schocks spürbar abgemildert werden. Besser wären vermutlich sogar noch größere zentrale Budgets. Ein größeres EU-Budget würde den Druck auf die EZB senken, bei Krisen mit geldpolitischen Instrumenten (Zinssenkungen oder unkonventionellen Maßnahmen wie Anleihekäufe) schnell und stark tätig zu werden. Heutige Bundesstaaten haben jedenfalls immer zweistellige Prozentanteile ihres BNE in den zentralen Budgets.

Das Gesagte bedeutet aber keineswegs, dass die EU weiter zu einer Schuldenunion ausgebaut werden sollte. Zum Teil ist sie dies bereits. Die EZB hat durch ihre diversen Aufkaufprogramme Staatsschulden der Mitgliedsstaaten in großem Umfang in die eigene Bilanz genommen. Wenn einzelne Staaten ihre Anleihen nicht mehr bedienen können, hinterlässt dies Spuren in den Bilanzen der EZB und der nationalen Notenbanken, was Ausschüttungen an die nationalen Haushalte reduziert. Die Europäische Investitionsbank (EIB) begibt Anleihen, um sich zu finanzieren. Das ausstehende Volumen beträgt circa 500 Milliarden Euro und wird von den Mitgliedern der EIB (die 27 EU-Mitgliedsstaaten) garantiert. Mit dem SURE-Programm, das den Mitgliedsstaaten zur Überbrückung von temporärer Arbeitslosigkeit helfen soll, haben die EU-Staaten gemeinsam fast 100 Milliarden Euro an Schulden aufgenommen. Der Europäische Stabilitätsmechanismus, der Ländern mit Zahlungsschwierigkeiten helfen soll, hat einen Schuldenstand von ebenfalls etwa 100 Milliarden Euro. Und schließlich wurde im

Jahr 2021 das Programm Next Generation EU aufgelegt, das zu Preisen von 2019 bis zum Jahr 2024 Schulden in der Höhe von 750 Milliarden Euro aufnehmen wird, um damit den Mitgliedsstaaten entweder Kredite zu günstigen Konditionen oder Zuschüsse zur Bewältigung der Corona-Krise und der Energiewende zukommen zu lassen.

All diese verschiedenen Schattenhaushalte der EU haben vorrangig den Zweck, Finanzierungsengpässe auf Mitgliedsstaatsebene abzumildern. Sie werden im Stabilitäts- und Wachstumspakt nicht berücksichtigt und gehen nicht in die üblichen Maastricht-Kennzahlen ein. Sie stabilisieren zwar das Wachstum der Mitglieder und verhindern Krisen, die die Stabilität der ganzen EU gefährden können, aber sie finanzieren nicht öffentliche Güter, die für die Gemeinschaft Mehrwert stiften würden. Die durch diese gemeinsamen Schulden mobilisierten Mittel sind zwar häufig für bestimmte (zum Beispiel grüne) Investitionen vorgesehen. Aber weil Geld fungibel ist, führt jede Lockerung der Finanzierungrestriktionen der Mitgliedsstaaten zu größeren Spielräumen, die auch für konsumtive Zwecke (etwa für Zahlungen an Staatsdiener) eingesetzt werden

Wenn EU-Schulden
nur dazu führen,
dass die
nationalen
Regierungen
bei konstanter
nationaler
Verschuldung
immer mehr Geld in
konsumtive Verwendungen leiten,
sind sie abzulehnen.

können – und die Versuchung, diese Spielräume auszunutzen, ist seitens der einzelnen Länder durchaus vorhanden.

Wenn auf EU-Ebene Schulden gemacht werden sollen, dann unter Mitwirkung des EU-Parlamentes und in einer Art und Weise, die sicherstellt, dass damit Investitionen finanziert werden. Ein Vehikel, das dies bewerkstelligen könnte, wäre die Einrichtung von Zweckgesellschaften, die das Geld nur in klar definierte, investive Verwendungen (zum Beispiel für den Bau eines europäischen Hochgeschwindigkeitsbahnnetzes) lenken dürfen und sich durch eigene Einnahmen (etwa Mautgebühren) selbst finanzieren. Die EIB ist ein gutes und durchaus erfolgreiches Beispiel für ein solches Vehikel. Die Mitgliedsstaaten garantieren die Verbindlichkeiten, erhalten dafür aber Dividendenzahlungen. Die Konstruktion würde garantieren, dass Schulden, die durch neue EU-Programme entstehen, auch zu Investitionen und mithin Vermögenswerten führen. Wenn EU-Schulden nur dazu führen, dass die nationalen Regierungen bei konstanter nationaler Verschuldung immer mehr Geld in konsumtive Verwendungen leiten, sind sie abzulehnen.

7

Europäisches Geld für europäische öffentliche Güter

Wie schon diskutiert, stellt sich im Zusammenhang mit dem EU-Budget die Frage, welche Aufgaben in der EU überhaupt zentral angesiedelt werden sollten, damit die angesprochene Stabilisierungsfunktion erreicht werden kann. Es wäre fatal, das EU-Budget hauptsächlich als Umverteilungsapparat zu verstehen, der Finanzmittel bei den Mitgliedsstaaten einsammelt und dann, durchaus unter Beachtung des Versicherungsgedankens, nach bestimmten Regeln bestimmte Summen wieder zurücküberweist. Es soll noch einmal betont werden: Die Einhaltung des Subsidiaritätsprinzips ist für die Legitimität und die Akzeptanz der EU zentral. Dient der Haushalt der EU hingegen nur dem Zweck der Mittelverteilung, wird er immer im Streit stehen. Länder, die Nettobeiträge leisten, werden stets darüber klagen, zu viel zahlen zu müssen; Länder, die Nettoempfänger sind, werden sich stets von den Nettozahlern bevormundet fühlen und im Zweifel finanziell unterversorgt. Um diesem Dilemma zu entgehen, sollte die EU die automatische Stabilisierung und den regionalen Ausgleich nicht direkt über Finanzströme zwischen dem zentralen und den nationalen Haushalten herstellen, sondern durch die Bereitstellung gemeinsamer öffentlicher Güter. Wenn aber Europa die Finanzierung und

Bereitstellung öffentlicher Güter übernimmt, die bisher – dezentral und oft ohne hinreichende Koordination – national bereitgestellt wurden, dann entfallen auf nationaler Ebene Finanzierungsbedarfe. Wenn es wirklich so ist, dass durch eine zentrale, gemeinsame Bereitstellung Skaleneffekte und andere Effizienzen entstehen, dann würde es sogar zu Einsparungen kommen – bei gleicher oder sogar besserer Quantität und Qualität der öffentlichen Güter. Und wenn man die Idee öffentlicher Güter wirklich ernst nimmt, dann würde eine gemeinschaftliche Bereitstellung zu einem Ausbau dieser Güter führen, weil die dezentrale Bereitstellung den Nutzen für die anderen Mitgliedsstaaten nicht berücksichtigt. Zwar kostet ein solcher Ausbau mehr Geld, aber der Gesamtnutzen für die EU-Bürger steigt noch stärker.

Würde die EU den Schutz der gemeinsamen Außengrenzen wirklich als gemeinschaftliche Aufgabe verstehen und auch so finanzieren, würden erhebliche Mittel von den Ländern in der Mitte des Kontinents an die Ränder fließen. Damit würde effektive Kohäsionspolitik betrieben, weil periphere Gegenden typischerweise wirtschaftlich benachteiligt sind und Investitionen in die Sicherung der Außengrenzen genau in diesen Regionen schlagend werden würden. Die EU würde Infrastruktur und ihre Erhaltung finanzieren, sie würde das Personal und seine Ausrüstung bezahlen. Damit käme Geld in strukturschwache Regionen. Durch Multiplikatoreffekte würden auch andere Wirtschaftsbereiche profitieren, vom lokalen Bauwesen bis hin zur Gastronomie. Weil die Intensität der Grenzsicherung nicht vom Konjunkturverlauf abhängen darf, die Einzahlungen der Staaten in das gemeinsame Budget aber sehr wohl konjunkturabhängig sind, ist mit der Vergemeinschaftung des Grenzschutzes auch der Vorteil der automatischen Stabilisierung verbunden.

Würden sich die EU-Staaten durchringen, ihre Landesverteidigung gemeinschaftlich zu organisieren, könnte der beschriebene Mechanismus noch verstärkt werden. Orientiert man sich an den NATO-Vorgaben von Militärausgaben in der Höhe von 2 Prozent der Wirtschaftsleistung, wäre damit bereits die Hälfte der gewünschten zentralen Budgethöhe erreicht. Außerdem käme es zu erheblichen Einsparungseffekten, weil Doppelungen und Ineffizienzen, die durch schlecht koordinierte nationale Verteidigungspolitiken verursacht werden, ein Ende hätten. Die Entstehung einer effizienten und international wettbewerbsfähigen europäischen Verteidigungsindustrie würde massiv gefördert. Würde die Sicherung der Außengrenzen als gemeinsames öffentliches Gut gesehen, wäre der konkrete Nutzen der EU für die Bürgerinnen und Bürger auch besser darzustellen. Es dürfte wesentlich leichter kommunizierbar sein, wie die EU externe Gefährdungen der Sicherheit abwehrt, als welchen Beitrag sie durch die Existenz des Binnenmarktes für den wirtschaftlichen Wohlstand liefert.

Letzteres bleibt immer abstrakt und kann kaum sinnvoll visualisiert werden. Der Grenzschutz hat eine ganz andere Qualität. Außerdem würde die Aufstellung einer echten gemeinsamen Grenztruppe einen wertvollen Integrationsdienst leisten: Wenn sich an der polnisch-belarussischen Grenze Beamte aus Polen, Portugal und Zypern für den Schutz Europas einsetzen, dann entsteht ein Zusammengehörigkeitsgefühl, das eine gemeinsame Währung kaum bewirken kann. Ganz zu schweigen von lebenslangen völkerverbindenden Freundschaften, die aus einem temporären gemeinsamen Einsatz an einer Außengrenze erwachsen können. Das Erasmus-Programm der EU legt – wenngleich auf einem anderen Feld – für diese Opportunität ein hervorragendes Zeugnis ab.

Ein stärkerer Fokus auf die gemeinsame Sicherheit gegenüber Bedrohungen von außen wäre auch insofern vielversprechend, dass die Schaffung staatlicher Strukturen in der Geschichte fast immer mit der Gewährleistung der gemeinsamen Sicherheit begonnen haben. Dies lässt sich für die Schweizer Eidgenossenschaft sagen, die zuerst ein Verteidigungsbündnis war, oder über die Vereinigten Staaten von Amerika, die aus dem Kampf gegen eine übergriffige Kolonialmacht entstanden sind. Der europäische Weg, der wirtschaftlichen Integration Vorrang zu geben, aber die Sicherheit nach außen nicht zu vergemeinschaften, ist eine historische Anomalie und war bei der Gründung nach dem Zweiten Weltkrieg zunächst auch gar nicht vorgesehen.

Neben der Gewährleistung von Sicherheit gegenüber externen Bedrohungen sollte die EU die Infrastruktur für den Binnenmarkt nicht nur koordinieren, sondern planen, umsetzen und finanzieren. Dabei geht es um die hochrangigsten Infrastrukturnetzwerke in den Bereichen Straße, Schiene sowie Strom-, Gas- und Datenleitungen. Solange, wie aktuell der Fall, die Mitglieder die größten Anteile der Kosten selbst stemmen müssen, werden sie versucht sein, den nationalen über den europäischen Mehrwert zu stellen. Das Problem unzureichender Investitionen in innereuropäischen Grenzregionen bleibt, zumal aufgrund ihrer geographisch bedingten Rolle als Transitkorridore dort die höchsten Mehrwerte für die Union entstehen.

Ein weiterer Bereich, in dem europäischer Mehrwert offensichtlich ist, besteht in der Spitzenforschung. Die EU sollte europäische Spitzenuniversitäten etablieren, die zentral finanziert werden, über eine kritische Größe und internationale Strahlkraft verfügen. Dabei können existierende nationale Strukturen eingebunden werden. So könnte das System der Max-Planck-Institute, das sehr erfolgreiche Spitzenforschung hervorbringt und neben seinen Forschungsstellen in Deutschland über Einrichtungen in vielen EU-Staaten verfügt, konsequent als Speerspitze der europäischen Grundlagenforschung ausgebaut und gemeinschaftlich finanziert werden. Dabei müsste auch, das ist in der Wissenschaft von eminenter Wichtigkeit, eine Vermarktung der Forschungs- und Lehrtätigkeit unter einer Marke erfolgen. Internationale Sichtbarkeit ist für die Gewinnung von Spitzenforscherinnen und -forscher unerlässlich.

Die EU sollte europäische Spitzenuniversitäten etablieren, die zentral finanziert werden, über eine kritische Größe und internationale Strahlkraft besitzen.

8

Ein Budgetrecht für das EU-Parlament

Von vielen Europäerinnen und Europäern werden die europäischen Institutionen als weit weg wahrgenommen, als bürgerfern und von den Lebensrealitäten der Menschen entkoppelt. Die Themen, mit denen sich die europäische Politik beschäftigt, werden als abstrakt und schwer begreiflich gesehen. Häufig wird den Institutionen ein Demokratiedefizit unterstellt. Viele Menschen sind von der europäischen Idee grundsätzlich begeistert, die konkreten Ausprägungen europäischer Politik in Form von Richtlinien, Verordnungen oder anderen Rechtsakten wecken aber wenig Begeisterung. Bürokratische Terminologie, häufig in schlechtem Englisch, befremdet und schafft keine Identität.

Es mag überraschend sein, dass diese Beschreibung der europäischen Realität so häufig geteilt wird, wo doch auf nationaler Ebene ähnliche Probleme vorliegen. Der Grund dafür ist vermutlich die thematische Fokussierung der Europäischen Union. Es könnte sein, dass die Mitgliedsstaaten der EU gerade in jenen Bereichen Zuständigkeiten zugewiesen haben, bei denen die politische Kommunizierbarkeit besonders schwierig ist. Das könnte für das Wettbewerbsrecht, viele Fragen der Gütermarktregulierung, das

Außenhandelsrecht oder die ohnehin unabhängige Geldpolitik der Fall sein. In allen genannten Fällen gibt es für die Vergemeinschaftung sehr gute Gründe, aber der Fokus auf diese Themen mag auch dem Kommunikationsproblem geschuldet sein. Dazu kommt noch ein weiteres: Die Zuständigkeiten der EU erfordern die Existenz einer gut ausgeprägten Beamtenschaft; sie erfordern aber keine großen Budgets. So ist die vorhandene Arbeitsteilung zwischen EU und Mitgliedsstaaten mit der geringen Größe des EU-Budgets kompatibel. Möglicherweise hat man Aufgabenbereiche, die mit hohen Finanzierungsbedarfen verbunden sind, nicht vergemeinschaftet, weil man die Budgethoheit weiter auf nationaler Ebene halten wollte, auch wenn für die Vergemeinschaftung eigentlich sehr gute Gründe vorliegen.

Dies führt dazu, dass das Parlament, die am direktesten demokratisch legitimierte Instanz der EU, zwar über weitreichende Zuständigkeiten in vielen Bereichen verfügt und diese auch nutzt, es aber in finanziellen Fragen keine Kompetenzen hat. Der Finanzrahmen wird zwischen den Mitgliedsstaaten ausgehandelt; das EU-Parlament hat im Unterschied zu den allermeisten anderen existierenden Abgeordnetenkammern auf nationaler, regionaler oder kommunaler Ebene keine Rechte, Steuern und Abgaben festzusetzen, Zuschüsse zu beschließen oder Schulden einzugehen. Anders gesagt, wenn es ums Geld geht, hört die Zuständigkeit des Parlaments auf.

»Ohne Geld, keine Musik«, sagt der Volksmund. Ein Parlament ohne Geld hat also nicht allzu viel zu sagen, und wenn es doch etwas zu sagen hat, dann handelt es sich häufig um sehr technokratische Themen, die den Menschen nicht nahegehen. Man kann daher die These aufstellen, dass ein EU-Parlament mit einem Budgetrecht ganz massiv an Relevanz und daher auch an Aufmerksamkeit gewinnen würde. Das Budgetrecht müsste klar definiert und eng umgrenzt sein. Es dürfte sich selbstverständlich nur auf Themen beziehen, für die die Verträge – und in Zukunft vielleicht eine EU-Verfassung – explizite Zuständigkeiten vorsehen. Aber wenn auf EU-Ebene über die Einhebung von Steuern oder über ihre Absenkung diskutiert und Beschlüsse gefasst würden, gäbe es die Chance, dass eine echte politische, europäische Öffentlichkeit entsteht. Will man automatische Stabilisatoren wirken lassen, müsste man ein solcherart aufgewertetes Parlament auch mit

Ein Parlament ohne
Geld
hat also nicht allzu viel
zu sagen, und wenn es
doch
etwas zu sagen hat,
dann handelt es sich
häufig um sehr
technokratische
Themen,
die den Menschen
nicht nahegehen.

dem Recht ausstatten, über die Aufnahme von Schulden zu entscheiden. Dazu bräuchte es klare Regeln, die in den Verträgen niedergelegt werden müssten, damit es nicht zu exzessiver Verschuldung auf EU-Ebene kommt, zusätzlich zu den nationalen Staatsschulden.

Hätte die europäische Volksvertretung über die Höhe und Struktur der eigenen Mittel zu entscheiden, käme es wahrscheinlich sehr schnell zu einer viel rationaleren Diskussion darüber, wie in der EU die Finanzierung gemeinsamer öffentlicher Güter bewerkstelligt werden sollte. Es käme außerdem zu einem Machtgewinn des Parlaments gegenüber der Kommission und den Mitgliedsstaaten. Das würde die Attraktivität erhöhen, in diesem Parlament politisch aktiv zu sein. Auch der Europäische Gerichtshof würde an Bedeutung gewinnen, denn es läge an ihm, die Kompetenzverteilung zwischen EU und Mitgliedsstaaten zu überwachen, sodass nicht über die Budgetmacht des Parlaments eine Aneignung von Zuständigkeiten erfolgt, die in den Verträgen nicht vorgesehen ist. Viel wichtiger wäre aber, dass europäische Projekte durch ein explizites Budgetrecht des Parlaments an Sichtbarkeit, Relevanz und letztlich Legitimität gewinnen würden.

Lehren aus dem Brexit oder Vertiefung versus Erweiterung

Über Jahrzehnte kannte das europäische Integrationsprojekt nur Wachstum. Immer mehr Länder schlossen sich den ursprünglich sechs Gründungsstaaten – Deutschland, Frankreich, Italien und die drei Benelux-Länder Belgien, Niederlande, Luxemburg – an. Es war daher kein kleiner Schock, als am 31. Januar 2020 das Vereinigte Königreich (UK) nach fast fünfzigjähriger Mitgliedschaft die Europäische Union verließ.

Der sogenannte Brexit war in jeder Hinsicht ein Drama. Schon der Wahlkampf zum Referendum am 23. Juni 2016 führte zu einer starken Polarisierung zwischen EU-Gegnern und EU-Freunden in Großbritannien. Vor allem die Befürworter des Austritts scheuten nicht davor zurück, mit Unwahrheiten Stimmung gegen die EU zu machen. Zum Beispiel wurde häufig der Bruttobeitrag des Königreichs zum EU-Budget als Nettobeitrag verkauft, während man die zahlreichen Rabatte, die über die Jahre ausgehandelt wurden, unter den Tisch fallen ließ. Der berühmte rote Brexit-Bus von Boris Johnson machte damit Werbung, dass durch den Austritt 350 Millionen Pfund mehr an finanziellen Mitteln für das britische Gesundheitssystem zur Verfügung stünden. Der wahre Betrag liegt bestenfalls bei der Hälfte.

Der knappe Ausgang des Referendums führte zu weiteren Spannungen im Vereinigten Königreich. Weil nicht klar war, was anstelle einer Vollmitgliedschaft kommen sollte, gab es nach der Volksabstimmung ein zähes Ringen darüber, ob das UK im Binnenmarkt verbleiben sollte, ein Freihandelsabkommen mit der EU schließen oder gar keine speziellen vertraglichen Abmachungen mit dem Kontinent mehr unterhalten sollte.

Für das europäische Einigungsprojekt ist der Austritt der zweitgrößten Wirtschaftsmacht eine Tragödie. Die geopolitische Bedeutung Europas ist dadurch mit einem Schlag geschrumpft. Das Bruttoinlandsprodukt der EU, ein guter Indikator für die wirtschaftliche Relevanz, ist um circa 16 Prozent gefallen.[9] Außerdem ging der EU ungefähr ein Achtel der Bevölkerung verloren. Der Austritt des UK, eines großen Nettozahlers, machte die EU-Mitgliedschaft für alle anderen Nettozahler teurer. Weil die besten Universitäten Europas in Großbritannien angesiedelt sind, ist der Brexit auch ein großer Verlust für das Forschungssystem der EU. Außerdem befindet sich nun einer der wichtigsten Finanzplätze der Welt, die City of London, nicht mehr in der EU. Und schließlich ging mit dem UK ein ständiges Mitglied des UN-Sicherheitsrates und eine Atommacht. Die übrigen EU-Mitglieder sind nun allein auf den nuklearen Abschreckungsschirm Frankreichs oder auf Garantien der USA angewiesen.

Viele Studien haben gezeigt, dass der relative wirtschaftliche Schaden durch den Brexit für das UK deutlich höher als für den Kontinent ausfallen würde. Dies folgt aus dem simplen Sachverhalt, dass die relative Bedeutung Europas für die Wirtschaft des UK viel höher ist als umgekehrt. Doch das macht den Verlust für die EU nicht kleiner. Die Ergebnisse der Studien haben aber wohl dazu geführt, dass die politische Führung der EU – von Repräsentanten der EU-Kommission bis hin zur deutschen Kanzlerin – bis zuletzt an ein Einlenken des UK geglaubt haben. Aus diesem Grund ist man dem UK auch nicht so weit entgegengekommen, dass trotz eines Pro-Brexit-Votums ein Verbleiben im Binnenmarkt möglich gewesen wäre. Die Studien bezogen sich aber meist auf einen Austritt ohne weitere Anpassungsmaßnahmen Großbritanniens, die aber für die Befürworter des Brexits immer eine zentrale Rolle spielten. So konnte man mit genau denselben Modellen, die einen größeren Schaden für UK als für den

Rest der EU prognostizierten, zeigen, dass die Asymmetrie durch geeignete Maßnahmen – allgemeine Absenkung der Außenzölle durch London, Verzicht auf regulatorische Barrieren – komplett beseitigt werden konnte.[10]

Die Kampagne für den Austritt nahm 2015 an Fahrt auf. Schon in den Jahren davor waren die Verwerfungen der Euro-Schuldenkrise auch im Vereinigten Königreich ein großes Thema, vor allem die Angst vor höheren finanziellen Transfers an Schuldenländer. Die EU wurde zunehmend als ein dysfunktionaler Staatenbund gesehen, der dennoch immer dringender nach weiterer politischer Integration rief. Als dann 2015 die Flüchtlingskrise zu chaotischen Zuständen an den Außengrenzen der EU führte, kippte die Stimmung. Das Argument, Großbritannien müsse angesichts des Versagens Europas die Kontrolle zurückerlangen, klang offenbar in den Ohren vieler Briten immer schlüssiger, auch wenn die Entwicklungen in Lampedusa (Italien) oder Moria (Griechenland) wenig mit der Mitgliedschaft des UK in der EU selbst zu tun hatten.

Im Nachhinein wäre es angesichts der Flüchtlingskrise wahrscheinlich sinnvoll gewesen, die Arbeitnehmerfreizügigkeit für das UK flexibler zu gestalten, sodass London zusätzliche Möglichkeiten in die Hände bekommen hätte, die Zuwanderung aus Kontinentaleuropa zu steuern und gegebenenfalls zu reduzieren. Dies wurde seitens Brüssels und der maßgeblichen Hauptstädte der EU mit dem Argument abgelehnt, die vier Freiheiten des EU-Binnenmarktes seien untrennbar miteinander verbunden. Aus ökonomischer Sicht war und ist dieses Argument glatter Unfug. Gerade wenn Güter und Dienstleistungen frei handelbar sind, ist die Mobilität von Arbeitskräften weniger wertvoll, als wenn die Handelbarkeit der ersteren nicht gegeben ist. Auch ohne Arbeitskräftefreizügigkeit wäre UK ein wertvoller Bestandteil des Binnenmarktes geblieben. Politisch war das starre Festhalten an der Untrennbarkeit der vier Freiheiten gleichermaßen bizarr, galten doch nach den EU-Beitritten der mittel- und osteuropäischen Länder lange Übergangsfristen (bis zu sieben Jahre), innerhalb welcher die Arbeitskräftefreizügigkeit nicht gewährt wurde.

Auch nach dem Referendum bestand man in der EU weiter darauf, dass eine Mitgliedschaft im Binnenmarkt nur möglich sei, wenn alle vier Freiheiten gewährleistet wären. Wenn die Arbeitskräftefreizügigkeit von London nicht gewünscht sei, dann käme nur ein Freihandelsabkommen etwa nach dem Vorbild des EU-Kanada-Abkommens infrage. Ein solches Abkommen bedeutet aber, dass London und Brüssel unterschiedliche Außenzölle setzen und auch die Marktzutrittsbedingungen unterschiedlich gestaltet würden. Außerdem argumentierte man in der EU, dass die Kosten des Brexits für das UK klar spür- und sichtbar sein müssten. Bliebe das Land im Binnenmarkt, würde es weiter an den ökonomischen Vorteilen der EU teilhaben, ohne Vollmitglied zu sein. Die Idee, man müsse Großbritannien bestrafen, damit nicht andere Länder, Dänemark etwa, auf Austrittsgedanken kämen, war genauso falsch wie das Behaupten der Untrennbarkeit der vier Freiheiten. Denn die Kosten einer Scheidung von der EU sind naturgemäß für die zweitgrößte Volkswirtschaft Europas deutlich geringer als für alle anderen – kleineren – Staaten (mit Ausnahme Deutschlands als größter europäischer Volkswirtschaft). Die Begründungen, warum man auf der Untrennbarkeit der vier Freiheiten beharrte, waren und sind also nicht überzeugend. Vielmehr könnte ein anderer Gedanke zentral gewesen sein: das Ziel der politischen Integration und der Schaffung einer eigenen Staatlichkeit der EU.

Schließlich kam noch ein dritter fundamentaler Irrtum hinzu. Für viele Analysten des Geschehens war und ist es zutiefst irrational, auf die ökonomischen Vorteile von möglichst weitgehender wirtschaftlicher Integration zu verzichten. Sie verkannten dabei aber, dass Integration immer auch einen politischen Rahmen braucht – in der EU etwa die Regeln des Binnenmarktes –, der mit wirtschaftlichen Kosten für die Mitgliedsstaaten einhergeht. Die Vorlieben oder Bedenken der einzelnen Länder für oder gegen bestimmte Regulierungen unterscheiden sich; daher können zentralistische »one-size-fits-all«-Entwürfe sehr weit weg sein von den für einzelne Länder optimalen Regeln. Dieser Umstand ist wohl fundamental dafür verantwortlich, dass unterschiedliche Länder auch unterschiedliche Tiefengrade der ökonomischen Integration wählen. In ökonomischer Hinsicht ist der optimale Integrationsgrad der Integration dort, wo der Nutzen eines weiteren Integrationsschrittes (etwa die Einführung des Euros) kleiner ist als die zusätzlichen politischen Kosten der damit verbundenen Einschränkungen. Nun sind weder der Nutzen noch die Kosten im Zeitablauf konstant. Wenn sich viele Länder im Zuge der Globalisierung für Güter, Dienstleistungen und Kapital aus dem UK geöffnet haben, dann ist der Zugang zum europäischen Markt nicht mehr so viel wert wie zuvor. Und wenn zunehmende globale Krisen, die Flüchtlingskrise von 2015 etwa, die Kosten der Integration größer erscheinen lassen, dann sinkt der Nettowert der Mitgliedschaft. Die rationale Folge wäre eine Verminderung des Integrationsgrades.

Durch das Beharren auf den vier Freiheiten ist Großbritannien nun geoökonomisch für Europa verloren. Man hat den Eindruck, die EU hat sich verzockt, weil sie unterschätzt hat, wie sehr das UK für einen Zugewinn an politischer Souveränität willens war, ökonomische Verluste in Kauf zu nehmen. Man sollte aber gerade angesichts dieses Verlustes an Modellen arbeiten, die neben der Vollmitgliedschaft in der EU und Freihandelsabkommen mit der EU noch einen dritten Kooperationsmodus ermöglichen. Dieser dritte Weg sollte eine möglichst umfängliche Teilnahme an Binnenmarkt und Zollunion, aber ohne tiefe politische Integration vorsehen. Ein möglichst großer gemeinsamer Markt mit einheitlichen Zöllen und nicht-tarifären Zugangsregeln ist gerade in geoökonomisch turbulenten Zeiten ein wichtiger Hebel.

Auch für die Gestaltung der Zugangsregeln zum gemeinsamen Markt braucht es politische Prozesse, etwa um die Zollpolitik zu gestalten oder Standards und Normen für Produkte und Dienstleistungen festzulegen. Daher bräuchte auch der dritte Weg entsprechende Institutionen. Dabei könnte man ein Zollparlament schaffen, das neben Mitgliedern des EU-Parlaments auch Abgeordnete aus anderen Ländern enthält. Eine vergleichbare Institution existierte seit 1868 im Deutschen Zollverein, der bis zur Errichtung des deutschen Kaiserreiches nur sehr wenige Elemente der politischen Integration enthielt.

Der dritte Weg wäre potenziell nicht nur für das Vereinigte Königreich attraktiv. Europa muss sich dringend Gedanken machen, was es großen Ländern an seiner Peripherie – man denke an die Türkei oder an die Ukraine – anbieten kann. Eine Vollmitgliedschaft mit ihrem Anliegen, eine politische Union zu schaffen, wird entweder in der EU selbst oder von den genannten Drittstaaten abgelehnt. Ein klassisches Freihandelsabkommen ist aber zu wenig, weil es keine gemeinsame Außenhandelspolitik vorsieht und damit geopolitisch deutlich weniger Gewicht entfaltet.

10

Schengen, Einwanderung und Asyl: So kann es nicht bleiben

Über die Jahre stellte sich heraus, dass die vier Freiheiten des Binnenmarktes – Freiheit des Warenverkehrs, des Dienstleistungsverkehrs, Kapitalverkehrsfreiheit und Personenfreizügigkeit – durch Kontrollen von Reisenden an den Binnengrenzen des gemeinsamen Marktes behindert werden. Langwierige Kontrollen von Personen verursachen zeitraubende Staus, die die Nerven der Urlauber belasten, die Umwelt belasten und den Frachtführern und Spediteuren Geld kosten.

Schon im Jahr 1985 wurde in der luxemburgischen Gemeinde Schengen, unmittelbar angrenzend an das Saarland und Lothringen, zwischen Frankreich, Deutschland und den drei Benelux-Ländern ein Abkommen zum Wegfall von Personenkontrollen zwischen den Vertragsstaaten und zur Schaffung einer gemeinsamen Außengrenze geschlossen. Wie so oft in der Geschichte der EU kam es erst fünf Jahre später zur Verabschiedung der Durchführungsbestimmungen und weitere fünf Jahre später, im März 1995, zur Anwendung. Noch einmal fast fünf Jahre später, im Mai 1999, wurde das Abkommen in EU-Recht übernommen. Das ist wichtig, weil dadurch die Institutionen der EU für das Schengener Abkommen verantwortlich sind. Außerdem bedeutet EU-Mitgliedschaft auch, dass das Schengener Abkommen anzuwenden ist, sofern bestimmte Kriterien erfüllt sind. Neue Mitglieder sollten daher nach einer gewissen Zeit in den Schengenraum aufgenommen werden

Es gibt Ausnahmen: Die Inselstaaten Großbritannien und Irland waren und sind nicht verpflichtet, das Abkommen anzuwenden. Gleichzeitig sind über die Jahre einige Länder, die nicht Mitglieder der EU sind, dem Schengener Abkommen beigetreten. Dazu gehört die Schweiz, die im Jahr 2005 eine Volksabstimmung über einen Beitritt abgehalten hat und das Abkommen seit 2008 umsetzt. Das kleine Fürstentum Liechtenstein, eng mit der Schweiz verbunden, ist kurioserweise erst drei Jahre später zu einem Mitglied geworden. Norwegen und Island sind seit 2001 im Schengenraum, obwohl sie nicht der EU angehören. Rumänien und Bulgarien sind zwar seit 2007 Vollmitglieder der EU, sie sind aber noch nicht Teil der Schengenzone. Ob sie die notwendigen Kriterien erfüllen – im Wesentlichen den Schutz der Außengrenzen nach den entsprechenden Standards und diverse fremdenpolizeiliche Vorgaben –, ist umstritten. Österreich blockiert derzeit den Beitritt der beiden Länder. Jedenfalls ist wichtig, dass nicht alle EU-Mitglieder auch Teil des Schengenraumes sind, dafür aber einige Nicht-EU-Mitglieder. Außerdem erfolgten die Beitritte in den Raum zu unterschiedlichen Zeiten. Die Unterschiede in Raum und Zeit mögen eine unübersichtliche Lage verursachen, sie bedeuten aber auch, dass die Effekte der Schengen-Mitgliedschaft für die Mitglieder gut gemessen werden können, weil etwa der zwischenstaatliche Austausch zwischen Mitgliedern mit jenem zwischen Mitgliedern und Nicht-Mitgliedern verglichen werden kann.

Konkret bedeutet eine Mitgliedschaft in der Schengenzone, dass Passkontrollen an den Binnengrenzen entfallen, dafür aber schärfere Sicherheitsmaßnahmen an den Außengrenzen stattfinden und innerhalb des Schengenraumes Kontrollen geschehen (zum Beispiel die sogenannte Schleierfahndung). Die Abwesenheit von Grenzkontrollen innerhalb der Zone erleichtert und beschleunigt den Grenzübertritt. Außerdem erteilen die Schengenländer sogenannte Schengen-Visa; mit ihnen sind auch Angehörige von Drittstaaten in der EU ohne Kontrollen über die Binnengrenzen mobil.

Fast 70 Prozent der Europäer sehen im Schengener Abkommen eine der wichtigsten Errungenschaften der EU; zwei Drittel halten die Vorteile der Zone für größer als die Nachteile. Die Zustimmungsraten sind in Österreich noch höher als im EU-Durchschnitt.[11] Das ist kein Wunder, sind doch in den kleineren EU-Mitgliedern grenzüberschreitende wirtschaftliche oder private Aktivitäten einfach wahrscheinlicher als in größeren. Damit ist auch der Nutzen aus der Mitgliedschaft in der Schengenzone höher.

Studien zeigen, dass die Schengenzone in der Tat ein ganz wichtiger Bestandteil der Europäischen Integration darstellt. Für ihren wirtschaftlichen Nutzen spielt die geographische Lage der Länder eine wichtige Rolle. Viele Handelsbeziehungen oder Reisen führen über mehrere europäische Binnengrenzen, sodass theoretisch mehrere Grenzkontrollvorgänge notwendig sein könnten, die jeweils mit Zeitverlust verbunden wären. Eine LKW-Lieferung von Lissabon nach Oslo etwa führt auf dem kürzesten Landweg über sechs Binnengrenzen – das heißt, die Mitgliedschaft der Transitländer in der Schengenzone erspart dem LKW-Fahrer sechs Grenzformalitäten auf seinem Weg von Portugal nach Norwegen. Wer mit dem Auto von Wien nach Cannes reist und auf dem Weg einen Abstecher in Ljubljana macht, erspart sich auf der 1200 Kilometer langen Route immerhin drei Grenzkontrollen. Es ist klar, dass ein Land wie Österreich, das vollständig von Schengen-Mitgliedern umschlossen ist, die mit Ausnahme Deutschlands selbst wiederum klein sind und selbst an viele EU-Staaten grenzen, bei vielen wirtschaftlich bedingten oder privaten grenzüberschreitenden Aktivitäten von der Schengenzone profitiert.

In einer aktuellen Studie kann ich mit zwei Co-Autorinnen mithilfe statistischer Verfahren zeigen, dass der wirtschaftliche Austausch (Handel mit Gütern und mit Dienstleistungen) zwischen zwei benachbarten Ländern durch die Abschaffung der Grenzkontrollen im Durchschnitt um circa 9 Prozent ansteigt.[12] Sind Transitstrecken durch andere Schengenländer erforderlich, kommt der Effekt weiterer ersparter Grenzkontrollen dazu. Grenzkontrollen wirken ökonomisch in etwa so stark wie ein Zollsatz von circa 3 Prozent. Damit ist die Mitgliedschaft in der Schengenzone neben dem Binnenmarkt und der Eurozone eine der wirtschaftlich wertvollsten Elemente der europäischen Integration. Gäbe es das Schengenabkommen nicht, wäre die wirtschaftliche Wohlfahrt (das preisbereinigte Nettoeinkommen) Österreichs um circa 1,6 Prozent niedriger, das ist ein stärkerer Effekt als in Deutschland (1,0 Prozent) oder Frankreich (0,8 Prozent), aber ein kleinerer als in den baltischen Ländern, den Benelux-Ländern oder in den mittel- und osteuropäischen Mitgliedsstaaten. Interessanterweise profitieren auch Rumänien und Bulgarien von der Existenz der Schengenzone, obwohl sie selber noch gar nicht Mitglieder sind: Ihr Handel mit anderen EU-Ländern führt sehr häufig über EU-Binnengrenzen, die von Kontrollen befreit sind. Wenn Waren von Bukarest nach Paris transportiert werden, quert der LKW drei Grenzen innerhalb des Schengenraumes. Aber der Gesamteffekt auf die Volkswirtschaft wird durch die nach wie vor bestehenden Kontrollen an der ungarisch-rumänischen Grenze stark geschmälert.

Bei einer Bedrohung der Sicherheitslage der einzelnen Mitglieder ist die temporäre Wiedereinführung von Personenkontrollen an den Binnengrenzen der EU möglich, sie müssen aber bei der

Kommission angemeldet werden. Typischerweise entstehen dadurch schlecht vorhersehbare Wartezeiten an den Grenzen, die den Warenverkehr und die Mobilität von Personen behindern. Die Staus verursachen darüber hinaus auch klimaschädliche CO_2-Emissionen. Für die Vertiefung des Binnenmarktes und für die öffentliche Wahrnehmung der Existenz einer europäischen Sicherheitsunion ist die immer wieder erfolgende Einführung von Kontrollen und deren Abschaffung kurz danach sowie laufende Meldungen über Zäune und andere Barrieren zwischen Mitgliedsstaaten eine Belastung.

Während der Flüchtlingskrise von 2015 beherrschten Bilder von überlasteten Grenzübergängen an der EU-Außengrenze und an verschiedenen Binnengrenzen die Bildschirme. Berichte über das unheilvolle Wirken von Menschenschleppern, von Kinderleichen an den Stränden, von Not und Elend in den Lagern -- alles wirkmächtige Symbole für den Kontrollverlust der europäischen Politik. Sie haben nicht nur im Vereinigten Königreich im Vorfeld des Brexit-Votums zu einer großen Verunsicherung geführt. Aktuell steigen die Flüchtlingszahlen wieder und Grenzkontrollen innerhalb der EU werden wieder häufiger. Sie sind aber nur ein Symptom eines Problems, das seit Jahren ungelöst ist. Theoretisch müssten Flüchtlinge im ersten EU-Land, das sie betreten, einen Asylantrag stellen. Im Falle der Gewährung von Asyl wäre dieses Land für die Versorgung der Menschen zuständig oder im Falle einer Abweisung für die Abschiebung. Dies überlastet die Staaten an den EU-Außengrenzen wie Griechenland, Italien, Ungarn oder Spanien. Sie lassen die Personen ohne Registrierung weiterreisen, oder sie werden in Lagern, häufig auf Inseln, festgesetzt.

Daher braucht es dringend Maßnahmen, die für klare Verhältnisse an den Außengrenzen sorgen und die Durchführung von Binnenkontrollen unnötig machen. Es ist aus ökonomischen Gründen offensichtlich kosteneffizienter, die Ressourcen, die für den Schutz der Grenzen vorgesehen sind, an den Außengrenzen zu konzentrieren, anstatt die Binnengrenzen zu überwachen, denn die Länge der gesamten EU-Außengrenze ist mit 12.033 Kilometern um circa den Faktor vier kürzer als die Summe der Längen aller (Landes-)grenzen von EU-Staaten. Für die gemeinsamen Grenzschutzanstrengungen braucht es ausreichend

Es ist aus
ökonomischen Gründen
offensichtlich
kosteneffizienter,
die Ressourcen, die für
den Schutz der
Grenzen vorgesehen
sind, an den
Außengrenzen
zu konzentrieren,
anstatt
die Binnengrenzen
zu überwachen.

zentrale Mittel; im Gegenzug müssen die Länder mit Außengrenzen gewisse Kompetenzen an die europäische Grenzschutzbehörde abgeben.

Zusätzlich ist erforderlich, das gesamte Asylsystem zu europäisieren. Zwar sind im Schengenraum die Regeln für die Gewährung von Asyl identisch, sie werden aber höchst unterschiedlich angewandt. Außerdem ist die Ausstattung der Flüchtlinge mit Unterbringung, Verpflegung und Taschengeld höchst unterschiedlich, was dazu führt, dass die Menschen sich dorthin orientieren, wo die Behandlung großzügiger ist. Schließlich fällt auch die Integration in die Arbeitsmärkte je nach Land unterschiedlich aus. Beispielsweise sind weniger als ein Fünftel der Flüchtlinge aus der Ukraine in Deutschland oder Österreich im Arbeitsmarkt integriert, während der Anteil in Polen bei vier Fünftel liegt. Hier braucht es dringend mehr Koordination und Harmonisierung über die Länder hinweg. Das geht am besten, indem man für den Grenzschutz und die Abwicklung von Asylfällen auch tatsächlich europäische Mittel bereitstellt.

Überhaupt hat die EU mit der Einwanderungspolitik ein Problem. Zwar gibt es gemeinsame Regeln im Asylrecht, aber bei der Arbeitskräfteanwerbung aus Drittländern agieren die Länder jeweils für sich, unkoordiniert und – zum Beispiel zwischen Ländern mit gleicher Sprache – auch in Konkurrenz zueinander. Ganz allgemein gilt, dass Arbeitskräftefreizügigkeit innerhalb eines Binnenmarktes mit einer gemeinsamen Immigrationspolitik verbunden sein muss. Denn die Einwanderungspolitik eines Landes hat Auswirkungen auf die anderen Länder; dafür ist noch nicht einmal das Weiterwandern der Menschen innerhalb der EU erforderlich. Im Jahr 2015 haben französische Medien vermutet, die großzügige Haltung der deutschen Bundesregierung gegenüber Flüchtlingen aus arabischen Bürgerkriegsländern geschähe mit dem Ziel, die Ausstattung Deutschlands mit günstigen Arbeitskräften zu verbessern, um gegenüber anderen EU-Staaten wettbewerbsfähiger zu werden. In ökonomischen Modellen lässt sich dieses Argument durchaus nachvollziehen. Wenn Einwanderer in ein EU-Land ohne Weiteres in ein anderes Land im Binnenmarkt weiterziehen können, wird klar, dass zu einem gemeinsamen Arbeitsmarkt eine gemeinsame Einwanderungspolitik gehört, genauso wie zu einem gemeinsamen Markt für Güter eine gemeinsame Zollpolitik.

Die Außengrenzen
der EU
müssen
besser überwacht
werden.
Die Kosten dafür
müssen
geteilt werden. (…)
Und für all dies
braucht es
europäisches Geld.

In diesem Politikfeld wird seit geraumer Zeit um Lösungen gerungen. Es ist hoch an der Zeit, die Notwendigkeiten anzuerkennen. Die Außengrenzen der EU müssen besser überwacht werden. Die Kosten dafür müssen geteilt werden. Die Versorgung von Asylsuchenden und Asylanten muss vergemeinschaftet werden. Und für all dies braucht es europäisches Geld.

11

Europa, der Freihandel und die neue Geoökonomik

Europa ist ein Kontinent mit nur geringer Ausstattung an Rohstoffen. Für seine Versorgung ist es daher auf Importe angewiesen. Außerdem produzieren seine Unternehmen hoch spezialisierte Güter und Dienstleistungen, die in der ganzen Welt verkauft werden. Viele EU-Staaten, darunter Deutschland und Österreich, haben in den letzten Jahrzehnten besonders stark von der Globalisierung profitiert. Dies wird in verschiedenen Studien dokumentiert.

In der Handelspolitik haben die Mitgliedsstaaten der EU ihre Zuständigkeit vollständig an die EU abgegeben. Auf EU-Ebene wird über Zölle, Handelsabkommen mit Drittstaaten oder Zutrittsschranken zum Binnenmarkt entschieden. Mit einigen Abstrichen gilt dies auch für die Regulierung von Auslandsinvestitionen. Diese Vergemeinschaftung ist notwendig, wenn man einen funktionierenden Binnenmarkt haben will. Würden etwa die EU-Mitglieder unterschiedliche Importzölle setzen, so würden alle Auslandswaren jeweils durch jenes Land in die EU gelangen, in dem die Importzölle am niedrigsten sind. Es käme zu einem Wettlauf um die niedrigsten Zölle. Oder aber die Länder müssten an den Binnengrenzen Kontrollen einführen, die sicherstellen, dass Waren aus Drittstaaten zollrechtlich anders behandelt werden als Waren aus den EU-Staaten. Damit wäre ein enormer bürokratischer Aufwand verbunden. Daher ist die EU eine Zollunion. Dies unterscheidet sie von anderen Wirtschaftsräumen, wie etwa dem nordamerikanischen, wo die USA, Kanada und Mexiko zwar ein Freihandelsabkommen haben, aber keine eine gemeinsame Außenhandelspolitik betreiben. Dies hat zur Folge, dass die EU mit Mexiko und Kanada jeweils Freihandelsabkommen unterhalten kann, die USA aber nicht mit Deutschland oder Irland separate Verträge schließen können.

Die EU hat sich bisher immer sehr klar zum Multilateralismus bekannt. Damit ist ein Welthandelssystem gemeint, in dem die Länder sich gegenseitig diskriminierungsfrei Zugang zu ihren jeweiligen Märkten gewähren. So dürfen die Importzölle, die sie einem Land verrechnen, nicht gegenüber einem anderen Land höher oder niedriger sein. Die Welthandelsorganisation (WTO) wacht über diesen in Artikel I des Allgemeinen Zoll- und Handelsabkommens (GATT) als Meistbegünstigungsprinzip beschriebenen Grundsatz.

Die EU verstößt eigentlich gegen dieses Prinzip, aber für bilaterale Freihandelsabkommen existiert eine Ausnahmeregelung, sofern bestimmte Bedingungen eingehalten werden (Art. XXIV GATT). Die EU hat diese Ausnahme über die Jahre hinweg benutzt, um mit vielen Drittstaaten bilaterale Abkommen abzuschließen. Kaum ein anderer Wirtschaftsraum hat so viele davon: 46 Abkommen sind in Kraft, mit etwa 80 Mitgliedsstaaten. Etwa 45 Prozent des Außenhandels der EU findet unter solchen Abkommen statt. Aber mit den größten Handelspartnern, mit den USA oder China, aber auch mit Indien oder Brasilien hat die EU keine speziellen Abkommen; hier gilt WTO-Recht.

Die WTO ist in den letzten Jahren stark unter Druck geraten. Sie verkörpert seit 1995 das marktwirtschaftliche Weltwirtschaftssystem, das nach dem Ende des Kalten Krieges unter dem Schutzschirm der USA weltweit Fuß gefasst hat. Im Dezember 2001 trat China der WTO bei, was seinen Aufstieg als Handelsmacht und Volkswirtschaft massiv beschleunigte. In der großen Wirtschafts- und Finanzkrise von 2008/09 zeigte sich das chinesische Modell deutlich resilienter als das westliche, was Peking dazu bewogen hat, sich vom als instabil wahrgenommenen Westen schrittweise zu lösen. Seither wächst der Welthandel nicht mehr schneller als die Weltproduktion; Fachleute sprechen von »Slowbalisation« (*The Economist*), einer Verlangsamung des Globalisierungsprozesses.

Die Ursachen sind neben dem China-Effekt in einem zunehmenden Protektionismus zu finden. In der Präsidentschaft von Donald Trump haben sich dann auch die USA insofern von der WTO abgewandt, als sie ihre Zustimmung zur Ernennung von Schiedsrichtern in der Streitbeilegungsinstanz der Organisation verweigerten, was zu einem Kollaps dieser Funktion geführt hat. Die WTO bietet also nicht mehr die Rechtssicherheit, die sie eigentlich garantieren soll. Dazu kommt die Zunahme geopolitischer Risiken. Viele Staaten versuchen, ihren Außenhandel (auch ihre Währung) als Waffe zu instrumentalisieren, um Abhängigkeiten anderer Länder von Zulieferungen kritischer Produkte für die eigenen Zwecke zu missbrauchen. In der Folge kommt es zu dem Versuch, die Wertschöpfungsketten abzukoppeln oder wenigstens das Risiko zu minimieren.

Die EU tut sich in diesem neuen Umfeld schwer, weil sie besonders stark auf den Außenhandel angewiesen ist und keine anderen Mittel als das Völkerrecht hat, um ihre Interessen weltweit durchzusetzen. Das Wachstumspotenzial der EU wird durch diese Entwicklungen geschwächt. Anstatt in der EU für die Weltmärkte zu produzieren, entscheiden sich immer mehr europäische Konzerne, im Ausland für den ausländischen Markt zu produzieren, um sich von geopolitischen Risiken unabhängig zu machen. Wie soll die EU auf diese Entwicklungen reagieren?

Interessanterweise kommt man bei der Beantwortung dieser Frage einmal mehr zum Binnenmarkt. Wenn die EU von Handelspartnern in ihren Rechten beschnitten wird, etwa durch Zölle auf ihre wichtigsten Exportgüter oder durch Einschränkungen bei der Beschaffung kritischer Rohstoffe, kann sie ausländischen Ländern den Zugang zum Binnenmarkt entziehen. Weil der EU-Binnenmarkt groß ist, ist damit ein großer Schaden im Ausland verbunden, was den dortigen Regierungen zu denken geben sollte, ob sie wirklich opportunistisch handeln wollen. Je größer, dynamischer und integrierter der Binnenmarkt ist, umso stärker sticht dieses Argument. Daher ist der beste Schutz gegen Regelverstöße des Auslands nicht der Aufbau von Vergeltungsmaßnahmen, sondern die Vertiefung und Erweiterung des eigenen Binnenmarktes.

Daneben sollte die EU versuchen, möglichst hohe Anteile ihres Außenhandels, der noch nicht durch bilaterale Freihandelsabkommen abgesichert ist, mit neuen Abkommen außerhalb der WTO zu regeln. So lassen sich Unsicherheiten reduzieren, sowohl bei der Beschaffung von Rohstoffen als auch bei der Behandlung der europäischen Exporteure im Ausland. Es wäre daher wichtig, das schon seit mehr als einem Vierteljahrhundert verhandelte und immer noch nicht abgeschlossene Abkommen der EU mit den südamerikanischen Mercosur-Staaten endlich in trockene Tücher zu bringen. Auch der Abschluss des Abkommens mit Australien und die Modernisierung des bereits existierenden Abkommens mit Chile sollten rasch umgesetzt werden. Mit den USA sollten bilaterale Gespräche fortgeführt werden. Dabei geht es nicht um ein großes Abkommen, sondern um faire Marktzugangsmöglichkeiten und um Kooperation bei der Regulierung von neuen Technologien und bei der Klimapolitik.

Die EU tut sich aber zunehmend schwer. Sie schraubt ihre Forderungen an ihre Verhandlungspartner laufend nach oben, ohne aber selbst mehr Zugeständnisse machen zu wollen. Traditionell galt die Formel: Zugang zum europäischen Agrarmarkt gegen Zollsenkungen bei Industriegütern und regulatorische Konvergenz. Weil die EU nun immer mehr umwelt- und sozialpolitische Forderungen hat und neue Versorgungsgarantien bei Rohstoffen verlangt, müsste sie im Gegenzug im Agrarbereich mehr anbieten. Dazu ist sie nicht in der Lage. Man kann den Binnenmarkt eben nur einmal als Joker einsetzen. Zumal der Zugang zum Binnenmarkt vor dem Hintergrund des relativen Aufstiegs von Ländern wie China, Indien oder Brasilien und nach dem Ausscheiden Großbritanniens, immerhin der zweitgrößten Volkswirtschaft Europas, auch immer weniger Gewicht hat. Wenn der Nettonutzen neuer Abkommen für die Partnerländer nicht klar positiv ist, scheitern die Verhandlungen, auch wenn der Großteil der Themen bereits abgeräumt ist. Das ist der Fall bei Gesprächen mit den Mercosur-Staaten oder mit Australien, das gilt auch bei den weniger weit fortgeschrittenen Verhandlungen mit Indien oder Indonesien.

Die Liberalisierung von Handelsbeziehungen stößt in der EU regelmäßig auf politische Hindernisse. Obwohl manche Sorgen berechtigt sind, etwa in Hinblick auf die CO_2-Emissionen im internationalen Transport von Gütern oder betreffend die Effekte auf die Ungleichheit, hat sich keines der Bedenken gegen die Abkommen mit Kanada, Südkorea oder Japan bewahrheitet. Es ist weder zu einer Flut billiger Importe, zum Beispiel von Lebensmitteln, gekommen noch zu einer Absenkung von Standards in der Regulierung von Gütern, Dienstleistungen, der Umwelt oder auf dem Arbeitsmarkt. Vielmehr ist leider zu beobachten, dass der internationale Handel von populistischen Kräften instrumentalisiert wird und so geostrategisch wichtige Abkommen verhindert werden. Für die wirtschaftliche Entwicklung und Prosperität Europas ist das keine gute Entwicklung, wohl auch nicht für die Durchsetzung europäischer Interessen und Werte im Ausland.

Um das Welthandelssystem wieder robuster und rechtssicherer zu machen, sollte sich die EU bemühen, die berechtigten Argumente der Kritiker anzugehen. So muss das Instrument des Grenzausgleichs weiterentwickelt werden, um die Wettbewerbseffekte unterschiedlicher Regulierung auszugleichen. Das gilt etwa für die CO_2-Bepreisung, müsste aber auch auf die Landwirtschaft ausgeweitet werden, will man dort den Klima- und Tierschutz weiter vorantreiben. Ohne solche Maßnahmen gerät die EU in Gefahr, die eigene Produktion von energieintensiven Produkten oder von bestimmten landwirtschaftlichen Erzeugnissen an das Ausland zu verlieren und damit Versorgungsrisiken zu provozieren. Wenn diese Mechanismen klug gestaltet werden, hat die EU die Chance, internationale Standards zu setzen. Es lohnt sich, den Versuch zu starten.

Was es ebenfalls braucht, sind deutlich aufgestockte Mittel, um Nebeneffekte der Handelsliberalisierung, wie etwa einen beschleunigten Strukturwandel, mit Umschulungs- und Sozialprogrammen begleiten zu können. Gegenüber Drittstaaten braucht es ein kluges Lieferkettengesetz, das die Verletzung von Menschenrechten oder Umweltstandards durch Handelspartner möglichst unwahrscheinlich macht, ohne aber die heimische Wirtschaft mit hohen Bürokratiekosten zu belasten.

Die EU müsste ihre Handelsabkommen inhaltlich redimensionieren. Dazu gehört aber auch ein neuer Realismus. Die EU muss anerkennen, dass ihr globaler Einfluss deutlich geschrumpft ist. Wenn diese Einsicht nicht bald erfolgt, dann beschleunigt sich der Niedergang der EU als globale Ordnungsmacht. Nur mit einer pragmatischen Handelspolitik kann die führende Rolle der EU im internationalen Geschäft verteidigt werden. Ohne neue Abkommen führt das Derisking – also der Abbau einseitiger Abhängigkeiten mit einzelnen Ländern, vor allem mit China – nicht zu einer Neuordnung des europäischen Außenhandels, sondern zu einer schleichenden Entkoppelung (Decoupling) – mit den befürchteten negativen Nebenwirkungen auf den Wohlstand. Anstatt global mitzugestalten, wird die EU zu einem Importeur von im Ausland gemachten Regeln. Wer auf der Suche nach strategischer Autonomie den Bogen überspannt und seine Partner verprellt, wird am Ende das Nachsehen haben.

Die EU muss
anerkennen,
dass ihr
globaler Einfluss
deutlich
geschrumpft ist.
Wenn diese Einsicht
nicht bald erfolgt,
dann beschleunigt
sich der
Niedergang der
EU als globale
Ordnungsmacht.

12

Schluss-folgerungen

In diesem Buch werden Elemente einer zukunftsfähigen Europäischen Union vorgestellt. Das Prinzip bei allen Überlegungen war, dass die Vorschläge einerseits eine Chance auf Umsetzung haben sollten, andererseits auch wirklich Verbesserungen darstellen, die den Wert der EU für ihre Bürgerinnen und Bürger erhöhen. Die Überzeugung: Wenn Europa sich rechnet, also seine Vorteile klar die Nachteile überwiegen, wird es weiter an Anziehungskraft und Attraktivität gewinnen.

In den letzten Jahren ist klar geworden, dass die Menschen von »ihrem« Europa Schutz erwarten. Wenn die EU aber eine Quelle der Unsicherheit und der Krisen ist, wird sie abgelehnt. Der Brexit ist dafür ein treffendes Beispiel. Daher muss es gelingen, die EU weiterzuentwickeln. Das ist kein Selbstzweck, sondern ein Zukunftsprogramm, das wirtschaftliche Sicherheit und Prosperität gewährleisten soll.

In allen betrachteten Bereichen geht es letztlich stets darum, das Kronjuwel der Integration, den Binnenmarkt, weiter zu stärken und zu entwickeln. Der Binnenmarkt bietet Schutz gegen Lieferkettenunterbrechungen des Auslands. Er ist die wichtigste Trumpfkarte in einer Welt, in der geopolitische Risiken immer größer werden, denn der Zugang zu ihm ist das wichtigste Privileg, das die EU ausländischen Mächten gewähren oder auch verweigern kann. Das gute Funktionieren des Binnenmarktes erfordert eine entsprechende Infrastruktur, vor allem in den grenznahen Regionen. Es erfordert eine gemeinsame Währung, die nicht immer weitere Risiken generiert, sondern Schutz bietet. Dafür braucht es eine Fiskalkompetenz der EU und ein Budgetrecht für das EU-Parlament. Damit der Binnenmarkt positiv wirken kann, braucht es eine Reform der Schengenzone, vor allem den effektiven Schutz der gemeinsamen Außengrenze.

Europa muss sich so aufstellen, dass es den Binnenmarkt erweitern kann, ohne zwangsläufig die politische Union auf andere Länder ausdehnen zu müssen. So lässt sich der Widerspruch zwischen Erweiterung und Vertiefung auflösen. Außerdem wird es angesichts der steigenden geopolitischen Risiken und der Krise der Welthandelsorganisation weitere Handelsabkommen mit Drittstaaten brauchen. Damit dieses Programm klappen kann, muss die EU zum Pionier für Grenzausgleichssysteme werden, nicht nur um beim Klimaschutz Vorreiterin zu sein, ohne die eigene Industrie zu verlieren, sondern auch im Bereich des Tier- und Umweltschutzes in der Landwirtschaft.

All das erfordert das Bohren dicker Bretter. Das sollten die Europäerinnen und Europäer von ihrem politischen Personal einfordern. Europa muss sich für seine Bürgerinnen und Bürger rechnen – sonst wird es scheitern.

Anmerkungen

1 Hier sind jeweils die Importe und Exporte der EU-Mitgliedsstaaten mit Drittstaaten gemeint.

2 Die Eurobarometer-Umfragen sehen von 2002 bis 2023 72 bis 78 Prozent Zustimmung für die gemeinsame Außen- und Sicherheitspolitik.

3 Zahlen von Felbermayr, Gröschl und Heiland (2022), *Journal of International Economics*.

4 Dieses Argument wird in Felbermayr und Tarasov (2022), *Journal of Urban Economics*, ausführlich im Rahmen eines formalen Modelles ausgearbeitet.

5 Santamaria, Ventura und Yesilbayraktar (2021), *Borders within Europe*, NBER Working Paper 28301.

6 Alle Zahlen stammen aus Felbermayr, Gröschl, Heiland (2022), *Journal of International Economics*.

7 Das Bruttonationaleinkommen ist fast identisch mit dem Bruttoinlandsprodukt. Es beruht nicht auf den Einkommen, die innerhalb eines Staatsgebietes erwirtschaftet werden, sondern auf Einkommen, die den Bewohnern eines Landes zufließen, egal wo sie entstehen.

8 Es handelt sich um eine Abgabe auf nicht-recycelte Plastikabfälle.

9 Wert für das Jahr 2016.

10 Felbermayr (2019) im ifo Schnelldienst 72(4).

11 Eurobarometer 474, Sommer 2018.

12 Felbermayr, Gröschl, Heiland (2022), Complex Europe: Quantifying the cost of disintegration, *Journal of International Economics* 138: 193647.

Der Autor

Gabriel Felbermayr ist Direktor des Österreichischen Institutes für Wirtschaftsforschung (WIFO) und Professor an der Wirtschaftsuniversität Wien. Zuvor war er Präsident des Kieler Instituts für Weltwirtschaft und Professor an der Christian-Albrechts-Universität Kiel. Nach Studium in Linz, Promotion am Europäischen Hochschulinstitut in Florenz und einer Kurzstation bei McKinsey & Co. in Wien war Felbermayr drei Jahre Universitätsassistent an der Universität Tübingen. Anschließend übernahm er den Lehrstuhl für Internationale Wirtschaft an der Universität Hohenheim. Ab 2010 leitete er das ifo Zentrum für internationale Wirtschaft und übernahm eine Professur für Volkswirtschaftslehre an der Universität München.

Im deutschsprachigen Raum ist Gabriel Felbermayr einer der gefragtesten Experten, wenn es um die Erklärung von weltwirtschaftlichen, insbesondere handelspolitischen Zusammenhängen geht. Er scheut keine Debatten und nimmt zu aktuellen Fragen regelmäßig prononciert Stellung.

Impressum

Liebe Leser*innen,
bleiben wir in Verbindung!
Wir freuen uns auf Ihre Anregungen, Kritik und Wünsche.

leserbrief@brandstaetterverlag.com

Für Informationen und weitere Titel
aus der Reihe **Auf dem Punkt** besuchen Sie

ISBN 978-3-7106-0783-7

1. Auflage, 2024

Papier: Salzer EOS 1,5-fach (FSCR- und PEFC-zertifiziert)
Gedruckt in der EU.
Grafische Gestaltung: Capitale Design Studio
Schriften: Grotta, Novel Pro
Lektorat: Matthias Michel
Projektleitung: Judith E. Innerhofer

Wir tragen Verantwortung

Aus diesem Grund haben wir uns auf den Weg gemacht, um unseren Einfluss auf das Klima und auf den Planeten zu minimieren. Anstelle von Kompensationszahlungen, und über die üblichen Umweltlabel hinausgehend, haben wir uns das Ziel gesteckt, den CO_2-Ausstoß auf allen Ebenen signifikant zu verringern – entlang der gesamten Wertschöpfungskette von der Idee bis zum Buch in Ihren Händen. Mehr Informationen finden Sie unter

www.brandstaetterverlag.com/nachhaltigkeit